Faarax Maxamuud Maxamed (Sheeko Xariir)

TAARIIKHDII IYO HAL-ABUURKIISII

Qaasin

Guuleed Xujaale

Faarax Maxamuud

Copyright @ 2019 Farah M. Mohamed, aka (Sheeko Xariir)

Dhammaan xuquuqda buuggan waa la ilaaliyey. Qayb ka mid buuggan lama daabici karo, lamana gudbin karo haddii ay tahay eletroonik ahaan, ama sida footo (sawir) koobiyayn ama guurin iyada oo an wax oggolaasho ah laga helin qoraaga.

All rights reserved, no part of this book may be produced, scanned, or distributed in any printed or electronic form without permission. Please do not participate in or encourage piracy of copyrighted materials in violation of the author's rights. Purchase only authorized editions.

Published by Golis Publishing
4900 Leesburg Pike, Suite 413
Alexandria, VA 22302
www.golispublishing.com
contact@golispublishing.com
golismedia@gmail.com
Mohamed, Farah M, Qaasin Guuleed Xujaale
Taariikh Dhab ah
ISBN 978-0-9907283-4-4
First edition October 2019
Printed in the United States of America.

Buugta Kale ee Qoraaga

Saxarla: A Somali novel
Xasuus Qorkii Dhako Dhako
Han iyo Hiigsi, Sheekooyin Gaagaaban
The Miracle Boy and the Somali gangs
Wiilkii Mucjisada ahaa iyo Budhcaddii Soomaalida
The Somali Queen: Queen Araweelo
The Somali Childrens' stories
The Great Escape
Kamila and her Somali Cat
Xasuus Qor (Timelines of Somali History)

MAHAD CELLIN

Waxa aan mahadnaq aan la soo koobi karin u celinayaa dhammaan dadkii wakhtigooda u hibeeyey in ay gacan iga siiyaan xog ururinta taariikh nololeedkii Qaasin Guuleed Xujaale. Waxa aan mahad aad ballaadhan oo aan la soo koobi karin u celinayaa Xasan Ibraahim Deeragaad (Xasan Bulsho) oo aan la'aantii buuggani suurto gal noqdeen. Waxa aan sidoo kale si gaar ah ugu mahadnaqayaa Maxamed Shire Faarax, Caasha Ibraahim Deeragaad (Caasha Dhuux), Canab Guuleed Xujaale, Samsam Maxamed Rusheeye, Khadiija Ibraahim Oomaar, Saynab Ibraahim Oomaar, Jaamac Yaasin Ibraahim, Axmed Cawil Dirir, Isxaaq Cabdi Guuleed, Saado Cabdi Guuleed, Faarax Cabdi Guuleed, Abwaanad Saado Ciise Cismaan, Abwaan Faysal Aw Cabdi Cambalaash iyo Abwaan jaamac axmed oogle (caanoboodhe). Waxa kale oo aan u mahad celinayaa Guuleed Cismaan Cabdikarim oo shaqaale ka ah Hay'adda TALOWADAAG oo caawisa dadka HIV/AIDS-ka la nool. Waxa uu si fiican iigu iftiimiyey, xadiga takoorka ee lagu hayo dadka xanuunkaas la nool. Waxa kale oo isaguna mahad celin weyn mudan Nasir A. Farah (Ayjeex), Guddoomiyaha Hay'adda AIDS-ka Somaliland, oo talo fiican ka bixiyey Xaaladda AIDS ka Somaliland.

Faarax Maxamuud Maxamed (Sheeko Xariir)

Sawirka 1 Maktabaddii Qaasin ka shaqaynayey

Qaasin

Guuleed Xujaale

Hordhac

Qaasin Guuleed Xujaale, ina Guudeed Cadde, waxa uu ahaa inaadeerkay. Waxa uu ahaa nin aad u qiimo badan. Waxa uu u dhintay Xanuunka AIDS-ka. Sheekadan in aan qoro waa mid si gaar ah ii taabanaysa, waayo Qaasin waxa uu ahaa shaqsi aan si fiican u aqaan. In Qaasin xanuunka AIDS-ka u dhintay waxa aan ogaadey, ka dib markii la aasay. Qaasin oo aan aqaaney dadnimadiisa, waxa uu galo iyo waxa uu gudo, in *suuq madow* lagu aaso si xad dhaaf ah ayey ii gubtay.

Xanuunka Qaasin u dhintay, waxa uu ahaa mid raaska intii ogeyd hoos isugu sheegto, inta kalena laga qariyo. Waxa aan xanuunkiisa loo sheegin dad badan oo ehelkiisa ahaa oo ka war helay ka dib markii uu xanuunka u dhintay. Arrintaasina waxa ay abuurtay in Qaasin ahaado nin takoor iyo dar xumo ku nool.

Ujeedada buuggan aan u qoray ma ahaa in aan cid ku eedeeyo, balse aan dhowr arrimood ku iftiimiyo.

1) In Qaasin shaqsiyaddiisa dhabta ah iyo taariikhdiisa la soo bandhigo
2) In Hal-abuurkiisii iyo maansadiisii ballaadhnayd dadka lala wadaago iyo
3) In xanuunkan AIDS-ka iyo takoorka uu dhibanayaasha ku hayo la iftiimiyo.

Markii aan qaar ehelka Qaasin iyo anigaba noo ah aan la kulmay una sheegay in aan taariikhda Qaasin qorayo, su'aashii ugu horeysay ee la i weydiiyey waxa ay ahayd "xanuunkii xumaa ee uu u dhintay miyaad sheegaysaa?" Markii aan "haa" idhina in badan ayaa aad uga cadhootay. Waxa aan weydiiyey sababta ay u diidan yihiin in la sheego, in uu xanuunka AIDS-ka u dhintay. Waxa ay kulligood meel ka wada qaadeen in sababta ay u diidan yihiin ahayd *"in aan ceebtiisa banaanka la soo dhigin."* Qaarkood waxa aan la galay dood dheer oo aan ku adkaystay in ay iga dhaadhiciyaan ceebta uu kasbaday ee aan la sheegi karin. Mana uu jirin qof keliya oo si macquul ah iiga dhaadhiciya. Nin ay ilmaadeer ahaayeen ayaan waxan weydiiyey in uu weligii booqday intii uu xanuunsanayey, waxana uu iigu jawaabey *"ilaahay ma qaderin."* Ka dibna waxa aan weydiiyey su'aal kale ahayd *"maxaa kaa galay in uu xabaasha ku ceeboobo haddii markii uu noolaaba aadan danaynayn?"* Isaga oo aan jawaab i qancisa i siin oo weli daldalmaya, ayaa tixdan gaabani igu soo dhacday.

Ninkaas qabrigiisa jiifa
Ilaahay xilkiisa qaaday
Markuu qayirmee xanuunku
Jidhkiisa qolfoof ka yeelay
Hadaad ka qashaaftay booqo
Maxaad uga qoomamaynay
Haddii buug laga qoraayo.

Qaasin Guuleed kumuu ahaa?

Geeridii Qaasin waxa ay ahayd mid dareen xunk ehelka dhexdiisa ku reebtay. Waxa in badan oo aan goob joog ahayni isku qanciyeen in ninkaas la dayacay. Waxa kale, oo dadka qaarkood u dhaqmayeen ama dareenkoodu ahaa, in mar haddii Qaasin xanuunkaasi asiibay uu nin xun noqday oo isagu isu keenay. Waxa ay ilaaween, shaqsiyaddiisii wacnayd, dad la dhaqankiisii toolmanaa, iyo deeqsinimadii uu ku caan baxay. Si haddaba aan u iftiimiyo shaqsiyaddii xariirta ahayd ee Qaasin ayaan qaarka ehelkiisa ka mid ah weydiiyey waxa ay ka xasuustaan.

Qaasin qof dhowrsan ayuu ahaa una malayn maayo in uu xanuunkaas sino xaaraan ah ka qaaday. Waxa uu ahaa nin dhaqan wanaagsan, miiskiin ah oo dadku ka nabad galo. In kasta oo uu xanuunsanaa, haddana nin sheeko badan, kaftan badan oo dad la dhaqan wanaagsan ayuu ahaa. Nin qiimo leh oo deeqsi ah ayuu ahaa, waayo waxa aan garanayaa iyada oo gabadh reerka ah oo lacag loo ururinayey, uu lacag yar oo dibadda looga soo diray qaadhaankii wax ka dhiibay. Intii aanu xanuunkaasi ku dhicin, mar uu iskuulka farsamada gacanta ee Hargeysa qayb ka mid ah uu maamule ka ahaa ayaan garanayaa, oo aanu is raaci jirey. Waxa uu ahaa nin aad bashaash u ah, oo aan haba yaraatee wax ceeb iyo turxaan midna lahayn. Aniga adeer ayuu ii ahaa, waxana uu ahaa nin miisaan weyn xaggayga ka leh. **Maxamed Shire Faarax**

Abti Qaasin, waxa uu ahaa nin furfuran, sheeko badan oo dad jecel. Waxa kale oo uu ahaa qof xishood badan, go'aan adag, waxa uu diidana aan cidi marsiin karin. Qaasin, intii karaankayaga ah lama dayicin, laakiin isaga ayaa isxidhay. Galab kasta oo jimce ah waan u tegi jirey si aan magaalada ugu soo kaxeeyo, si aan dadka ula kulansiiyo, laakiin wuu iska soo taagay ma uusan rabin in uu cidna la sheekaysto. Aniga saxan ayaanu wax ku wada cuni jirey, xataa dhar uu i siiyey ayaan gashaday, xataa mar la mudayey dhiiggiisa ayaa i soo gaadhey, waxna ma aanan noqon. Hase ahaatee, abti Qaasin, waxa uu ahaa nin dhaqanka Soomaalida ku adag, markii xanuunkaasi ku dhacayna cuqdad badan ayuu ku riday. Waxa uu iila muuqday nin dhimasho soo qoondaystay oo aan dad la dhaqan iyo nolol dambe toonna ku soo talo gelin. **Xasan Ibraahim Deeragaad (Xasan Bulsho)**

Qaasin waxa uu ahaa nin dadka inta aan aqaano ugu dabeecadda wanaagsan. Miskiin ayuu iska ahaa. Waxa uu ahaa nin aad u xishood badan oo aan cidna waxba weydiisan. Waxase uu ahaa nin hal adag oo waxa uu damco aan laga reebi karin. Berigii dambe daawadii ayuu iska daayey, waxana aad moodaysay in uu ku talo galay in uu tii ilaahay u hoydo. **Caasha Ibraahim Deeragaad**

Awoowe Qaasin Allaah ha u naxariistee waxa aan garanayaa ilaa intaan caqliyaystay. Waxa uu ahaa ruux naxariis badan oo qof kasta u naxariista. Awoowe Qaasin aniga gaar ahaan wakhtigii aan ardayadda ahaa aad buu iiga caawiyay xagga xisaabta. Waxa uu ahaa macallin qiimo badan. Ilaa iyo haddana waan isticmaalaa hababkii kala duwanaa ee looga shaqeeyo xisaabta ee uu i-baray. Waxaa kale oo aan awoowe ku xasustaa in uu naga celin jiray caruurta yar yar ee na dhibta. Awoowe macaan buu ahaa ilaahay ha u naxariistee. Intii uu joogay Koonfur Afrika, waxaan kula xiriri jiray Faysbuug (face Book). Qaasin waxaa uu ahaa qof Ilaahay u fududeeyey murtida iyo gabayga oo markiiba samaynkara taas oo ah hibo ilaaahay qofka siiyo. **Saynab Ibraahim Oomaar**

Awoowe Qaasin Guuleed waxa uu ahaa nin aad u dabeecad wanaagsan, nin gabyaa ah, nin ay naftaadu jeclaysanayso inay agjoogto, waayo waxa isagu kaayo dambaysay 1992kii oo uu nagu soo maray Dirirdhabe. Waxaa ii xigtay markuu Hargeysa ku soo noqday. Muddo dheer maanan kala war helin, waayo maan lahayn waxyaabaha (baraha bulshada) ee lagu wada hadlo. Waanse jeclaa inaan la xidhiidho. Nasiib darrose may dhicin. Waxa aanan weligay ilaabayn afar cisho intaanu dhiman ka hor buu igu yidhi "goormaad imanaysaa waddankii awoowe, in aan is aragno ayaan rabaaye." Su'aashaasi tiiraanyo aanan ka bogsan karin ayey igu reebtay, waanan isku ciil kaambiyaa in Ilaahay oofsaday aniga oo aan arkin, waayo Awoowe Qaasin waxa uu ahaa nin agtayda ku qaali ah. **Khadiija Ibraahim Oomaar.**

Awoowe Qaasin xidhiidh aad u wanaagsan baanu lahayn reer Axmed Cawil ahaan, khaasatan aniga waalid qudha iima ahayn ee saaxiib iyo lataliye ayuu ii ahaa. Runtii aniga Awoowe Qaasin qiima gaara ayuu ii lahaa shakhsi wuxuu ahaa hadalkiisu dhexdhexaad yahay, inta badana dhoola cadeeya; kuna badhxa hadalkiisa murti iyo xikmad! Iskuna daya in uu sidii macalin ku hortaagan waxa uu kuu sheegayo ku fahasiiya adoo xiisaynaya kuna faraxsan! Waxa uu ka kaaftoomay waxa dadka gacantooda ku jira, mana jeclayn in uu baahidiisa muujiyo waata keentey baan is leeyahay in uu gooni-daaq noqdo!! **Axmed Cawil Dirir**

Awoowe Qaasin isku wakhti baanu ahayn, haddana xagga caqliga iyo waayeelnimadaba wuu naga horeeyey. Maadaama isaga oo yar uu waalid noo ahaa oo qof waliba awoowe ugu yeedhi jirey, waxa uu noqday nin da'diisa ka weyn dhinac kasta. Awoowe Qaasin waxa uu ahaa nin aad u af-gaaban, hadalkuna aanu ka dhicdhicin, oo aan cidna dhibin. **Jaamac Yaasiin Ibraahim Deeragaad.**

Adeerkay Qaasin Guuleed Cadde waxa uu ahaa qof aad u wanagsan oo qalbi fican, oo xigmad badan. Waxa uu ahaa gabayaa murtida Alle ku manaystay. Anigana runtii waxa uu igu waanin jiray inaan waxbarto oo aan aqoontayda meelku gaadho. Waxa uu igu odhan yirey aqoontu waxa ay kaa caawinaysaa in aadan baryin dad asaagaa ah. Runtii adeer Qaasin wakhti dheer baa igu danbaysay, lakiin waxa uu ku jiraa dadka qalbigayga meel fican kuleh. **Saado Cabdi Guuled.**

Taariikhdii Qaasin
Noloshii Yaraanta

Maxamed-Qaasin Guuleed Xujaale (Ina Guuleed Cadde) Waxa uu ku dhashay miyiga magaalada Ceel-Afweyn ee gobolka Sanaag sanadkii 1960kii. Waxa uu dhashay sanadkii dadka Soomaaliyeed xornimadooda ka qaateen gumeysigii reer Yurub, gaar ahaan Ingiriiska iyo Talyaaniga. Qaasin waxa uu ka soo jeedaa reer aad u ballaadhan. Sida uu Xasuus Qorkiisa ku sheegay, in aabihiis Guuleed Cadde guursaday shan dumar ah. Waxana ay u dhaleen 15 caruur ah. Marka la isku daro intii Guuleed Cadde dhalay iyo intii ay sii dhaleen, Qaasin waxa uu ku qiyaasay in ay ilaa 650 oo qof yihiin, wakhtiigii uu Xasuus Qorkiisa ku qoray oo ahaa Bishii Juulaay, 2007.

Qaasin hooyadiis Badheedha Jaamac Gaade waxa ay geeriyootay qiyaastii sanadkii 1962kii. Sida ay sheegtay Canab Guuleed Cadde, oo ay Qaasin walaalo ahaayeen. Badheedha waxa ku soo booday xanuun kediso ah, waxana ay xanuunsanaysay muddo afar cisho ah, intii aanay dhiman ka hor. Waxa kale oo ay Canab sheegtay in dadkii wakhtigaas joogay laga weriyey in ay Badheedha cidla ku dhimatay. Markii Badheedha dhimatay waxa ay ahayd sideed dhal, waxaana ugu yaraa Qaasin oo markaas nuugayey. Qaasin aabihiisna waxa lagu qiyaasay in uu sanadkii 1967dii dhintay. Sida Qaasin Xasuus sidaha taariikhdiisa ku qoray, waxa uu sheegay in aabihiis Guuleed Cadde uu dhintay isaga oo 80 jir ah.

Markii Qaasin hooyadiis dhimatay ka dib, aabihiis Guuleed Cadde ayaa qaaday oo inantiisii Geelo oo Ceel-Afweyn deggan u geeyey. Isaga oo qiyaastii markaas todoba jir ah ayaa Qaasin walaashiis Geelo magaalada Xamar u guurtay, ka dibna waxa loo geeyey walaalkiis Ismaaciil Guuleed Xujaale (Buugside) oo miyiga deganaa. Sida ay walaashiis Canab sheegtay, iyada oo Jabuuti ka timi oo magaalada Garadag deggan ayaa Qaasin loo keenay. Canab oo ujeedadeedu aanay ahayn in ay Garadag degganaato, laakiin ku noqoto Jabuuti, ayaa waxa ay sheegtay in Qaasin ooyey oo uu ku yidhi Canab, "waxa aan rabaa in aan Bari iyo geela la igu celin ee la iga kaxeeyo." Canab markaas waxa ay ku qiyaastay in Qaasin 10 jir ahaa.

Ka dibna waxa ay Canab ku tidhi, "Burco iyo xaggaas iyo Hargeysa ayaan ku noqonayaa, marka inta aan meel ka degayo i sug aniga ayaa ku kaxayn doonee." Sida ay Canab sheegtay madaxiisa meel walba dakharo iyo nabaro ayaa kaga yaalley, isaga oo ka cabanaya walaalkiis Buugside. Ka dibna sidii ayaan ku dhoofay, Qaasina geeli iyo Buugside ayuu ku noqday isaga oo aad u calool xun oo ooyaya, ayey tidhi.

Muddo ka dibna Qaasin oo geela meel Karamaan la yidhaahdo la jooga ayaa waxa loo sheegay in walaashiis Canab ay Hargeysa degan tahay. Ka dibna waxa uu go'aansaday in uu geela ka baxsado oo walaashiis Hargeysa ugu tago. Markii uu in badan lugaynayey ayuu aakhirkii laamiga dheer ee Burco taga istaagay. Lacag ma uusan haysan, laakiin waxa uu damcay in uu Ilaahay iska tawakalo. Waxa uu marba gacanta u taago oo uu baabuurta safarka ah baryoba ugu dambayntii mid ayaa ka naxay oo qaaday.

Ka dibna waxa uu darawalkii ku yidhi waxa aad i dhigtaa meesha la yidhaahdo *Ina-Afmadoobe* oo reerka hooyaday dhalay degan yahay. Markii uu tuuladii ku degayna waxa uu u sheegay in uu raadinayo Ciise Jaamac Gaade, oo abtigiis ah, ka dibna waxa loo sheegay in uu Ciise Burco degan yahay. Markii sidaas loo sheegayna waxa uu dadkii ka codsaday in Burco gaadhi loo saaro. Sidaas ayaana Burco loogu gudbiyey.

Markii gaadhigii Burco soo gaadhayna laamiga ayaa lagu dejiyey, ka dibna dadkii dariiqa marayey ayuu marba qof weydiiyaa cidda Ciise Jaamac Gaade taqaana. Aakhirkiina waxa loo geeyey abtigii Ciise Jaamac Gaade. Markii uu abtigii dhowr cisho la joogayna waxa uu ku yidhi "abityoow, kuuma soo baryo tagine waxa aan rabaa in aad walaashay Canab Guuleed Cadde oo Hargeysa deggan ii geysid." Ka dibna abtigiis ayaa gaadhi Hargeysa u saaray.

Gaadhigii Hargeysa Qaasin loo saaray oo makhaayadda Hadhwanaag dhinac maraya ayuu waxa uu arkay nin Jaamac Nuur Yare la odhan jirey oo ay ilmaadeer ahaayeen oo kursi ku fadhiya. Markaas ayuu inta uu kor u qayliyey yidhi *"waar i dhig, waar i dhig, ninkii aan doonayey waan helaye."* Ka dibna bartii ayaa gaadhigii loo joojiyey oo lagu dajiyey.

Markii ay is waraysteen ka dibna, waxa uu u sheegay Jaamac in uu geelii ka soo baxsaday, oo uu doonaayo in uu reer magaal noqdo iskuulna galo. Waxana uu Jaamac ka codsaday in uu walaashii Canab u geeyo. Halkaas ayuuna walaashiis Canab gurigeedii u geeyey. Markii Qaasin guriga walaashiis la geeyey, Canab guriga way ka maqnayd. Markii ay Canab soo noqotayna waxa ay weydiisay Qaasin cidda guriga keentay, waxana uu ugu jawaabey *"Ilaahay ayaa i wadey, laakiin Jaamac Nuur Yare ayaa guriga i keenay."*

Walaashiis Canab waxa ay ku qiyaastay in Qaasin u yimi sanadkii 1972kii, qiyaastii 12 jir ayuu ahaa. Isla markiibana malcaamad ayey ku dartay sida ay sheegtay, ka dibna Iskuulka Biyo Dhacay ayey soo qortay. Qaasin oo iskuulkii iyo malcaamaddiiba dhigta ayaa waxa Safar soo galay walaashiis

Canab. Waxana ay go'aansatay in ay Jabuuti ku noqoto. Markaas waxa magaalada Hargeysa degganaa wax ehel ah Cismaan Ibraahim Deeragaad oo Qaasin abti u yahay. Ka dibna, inta ay Canab alaabtiisii shandad yar ugu gurtay ayey gurigii Cismaan geysay. Waxase Canab sheegtay in iyada iyo Maxamed Ahmed Guuleed Xujaale (Baruur), oo Qaasin adeer u yahay, oo markaas Xamar joogay uu soo dooni doono Qaasin oo uu isagu xilkiisa qaadi doono. Muddo ka dibna Canab oo Jabuuti Joogta ayaa Cismaan Ibraahim Deeragaad fariin u diray oo u sheegay, in uu Qaasin Xamar iyo Baruur u dirayo. Baruur xaas iyo caruur midna ma lahayn, oo weli arday ayuu ahaa laftiisu, sidaas darteed, markii Qaasin Xamar tegay waxa loo geeyey Caasha Ibraahim Deeragaad oo uu Qaasin abti u yahay.

Waxbarashadii Qaasin

Qaasin waxbarashadiisa waxa aad ugu tabcay Baruur oo sida la og yahay kaalintii waalidkiis u galay. Qaasin markii Xamar la geeyey ee uu in muddo ah gurigii gabadha uu abtiga u ahaa Caasha Ibraahim Deeragaad joogey, Baruur ayaa inta uu gurigii Caasha ka kaxeeyey iskuul **Boodhin** ah ku daray. Markii Baruur jaamacaddii dhameeyey, waxa uu doortay in waqooyi (Somaliland) lagu qoro, waxana loo bedelay Ceel-Afweyn oo ah magaalada uu ka soo jeeday, ujeedadiisuna waxa ay ahayd in uu Qaasin halkaas iyo magaaladii uu u dhashay ku koriyo. Qaasin waxbarashada Hoose/Dhexe waxa uu bilaabay sanadkii 1972kii. Hase ahaatee, muddo ka dib, Baruur waxa loo bedelay Qardho, Qaasinna wuu kaxaystay.

Markii la bedelay Baruur, waxa uu maamule ka noqday Dugsiga Hoose/Dhexe ee Qardho. Qaasin markii uu dhammeeyey Dugsigii Dhexena waxa loo bedelay Dugsigii Farsamada Gacanta ee Burco (Burao Technical Institute).

Markii uu Dugsigii Farsamada Gacanta ee Burco dhammeeyeyna, waxa uu waxbarashadii heer jaamacadeed ka qaatay Kuliyadda Macalimiinta (Teachers College) ee Xamar ku tiilay, waxana uu dhammays tiray sanadkii 1986.

Markii uu Waxbarashadii Dhammeeyey

Qaasin markii uu tacliintii dhammeeyey, waxa loo bedelay magaalada Hargeysa, halkaas oo uu sanad macallin ka ahaa. Qaasin waxa uu ku soo beegmay waqti waddanku aad dhibaato iyo xasilooni la'aan, gaar ahaan *"Goboladii Waqooyi"* ee uu ka soo jeeday.

Markii aay dhibaatooyinkii dadka gobolada *Waqooyi* sii bateen, si gaar ahna loo ugaadhsaday dadkii waxbartay, Qaasin waxa uu go'aansaday in uu Xamar ku noqdo halkaas oo uu u arkayey in xagga nabad gelyada u dhaanto.

ida ay walaashiis Canab sheegtay, Qaasin fariin ayuu Xamar uga soo diray oo uu leeyahay waxa aan kuugu imanayaa Jabuuti. Ka dibna gaadhi ayuu Xamar ka soo raacay. Gaadhiga oo Xabxab siday ayaa isaga iyo saddex nin oo kale la qalibmey oo *Dawga Sheekh* kala dhacay. Canab oo dhiiladaas shilka uu soo gaadhsiiyey walaalkeed Maxamuud Guuleed Cadde (Dhereg-Cadde), waxa uu u sheegay, in sida uu maqlay in weli naftu Qaasin ku jirto. Gaadhigii oo ilaa iyo taxadka tegay, markii uu *Dawga Sheekh* ka dhacay, nasiib wanaag wax dhaawac weyn ah ama jab ah oo gaadhey maanay jirin. Waxana uu ahaa qofka keliya ee shilkaas ka badbaaday. Ka dibna waxa ay sheegtay Canab in ay Jabuuti ka safartay si ay arrinta walaalkeed uga war doonto.

Sida ay Canab Guuleed sheegtay, markii Qaasin oo dhaawicii ka soo ladnaaday ay magaalada Sheekh kula kulantahay, in uu ahaa *"nin aad caato u ah oo aad moodid qori indho iyo dhego leh."* Waxa ay tidhi *"markii aan darxumadiisii ka yaabay, ayaan waxa aan ku idhi, Jabuuti ii raac si aan kuu soo baanto. Ka dibna wuu iga diiday oo waxa uu igu yidhi, Xamar ayaan ku noqonayaa oo shahaadooyinkii iskuulada ayaan ka soo qaadanayaa, ka dibna waxa aan rabaa in aan Jabuuti kuugu imaado oo aad dibadda ii dhoofisid. Hase, yeeshee, Carabta mooyee, ma rabo in aan Yurub tago."*

Qaasin markii uu Xamar ku laabtay si shahaadooyinkiisii iskuulka u soo qaato, waxa uu tegay magaaladii oo dadkii dawladdii ku kacsan yihiin dhibaatooyin badanina ka taagan yihiin, dadkana intii nooli heli kartay iskaga baxaysey. Ka dibna waxa uu go'aansaday in uu iskaga tago oo walaashiis iyo Jabuuti tago.

Waxa ay Canab sheegtay in markii Qaasin Jabuuti yimid, ay isku dayday in ay isaga iyo wiil ay dhashay isku darto oo ay Maraykanka tagaan, hase ahaatee, Qaasin wuu diiday oo waxa uu yidhi *"anigu Yurub iyo Maraykan midna ma rabee waxa aan doonayaa Carabaha, gaar ahaan Baqdaad."* Waxa ay ahayd markii Sadaam Xuseen loo hubsamaysanayey oo adduunyaduba la dagaalamayey. Waxa ay Canab ku tidhi *"war haddaad Carabta tegaysid, iska daa Ciraaq dagaal ayaa loo soo abaabulayaaye ee Carabaha kale tag. Hase ahaatee, Baqdaad ayuu ku adkaystay halkaas ayuuna u dhoofay."* Markii uu Baqdaad tegayna shaqo ayuu hoteel ka helay oo waxa uu noqday dadka cuntada martida u geeya. Halkaasna waxa uu ka shaqaynaayey muddo shan sano ah.

Qaasin oo shaqadiisii wata ayaa dagaalkii Ciraaq lagu bilaabay. Waddankiina waxa uu noqday meel aan sharci ka jirin oo dhaca iyo dilkuba caadi noqdeen. Habeen ayaa gurigiisii loo dhacay isaga oo maqan wax allaale wixii uu kaydsaday iyo dharkiisiiba waa laga xaday. Waxa keliya oo u badbaaday baasaboorkii Soomaaliga oo aan tuugta qiimo ugu fadhiyin. Markii uu gurigii yimid oo uu arkay in la dhacayna, waxa uu go'aansaday in uu Baqdaad iskaga tago. Baasaboorkii ayuu guntiga gashaday, ka dibna waxa uu bilaabay in uu u lugeeyo xaggaas iyo magaalada Basra. Muddo dheer markii uu lugaynayey ayaa waxa dhexda ka helay ciidamadii Qaramada Midoobay ee dadka dagaaladu saameeyeen caawinayey.

Maadaama Meesha dagaal ka socday waa laga shakiyey oo si xun ayaa loo baadhay, hase ahaatee markii ay waxba ka waayeen arkeenna in uu Soomaali yahay, ayey weydiiyeen waxa uu u baahan yahay in loo qabto. Ka dibna waxa uu ku yidhi *"waxan rabaa in aad meesha iga kaxaysaan oo Kuwayt i geysaan, oo haddii aydaan suuqa igu sii daynayn xabsiga igu riddaan halkaas ayaa laga yaabaa in cid aan garanayo ka helee."* Ciidamadii Qaramada Midoobayna sidii ayey yeeleen oo waxa ay u gudbiyeen ciidamadii Kuwayt, iyaguna jeelka ayey ku rideen.

Nasiib wanaag sidii uu filayey waxa uu jeelkii ku arkay niman Soomaaliyeed oo jeelka ku jira. Ka dibna nimankii ayuu u sheegay cidda uu yahay oo waxa uu ka codsaday in ay u raadiyaan cid ay isku reer yihiin. Sidii ayaana inamo ay qaraabo yihiin oo magaalada jooga loogu soo helay. Ka dibna waxa ay u keenan cunto, dhar iyo wixii uu u baahnaa.

Markii uu muddo xidhnaa ayaa dawladdii Kuwayt waxa ay ku tidhi magaalada kugu sii deyn maynee xaggee ayaad rabtaa in laguu masaafuriyo. Ka dibna waxa uu ku yidhi waxa aad ii masaafurisaan *Yugoslavia*. Markii uu sidaas yidhina inamadii ay qaraabada ahaayeen way ka diideen oo waxa ku yidhaahdeen waad waalan tahay maxaad *Yugoslavia* kaa yaal oo aad ka doonaysaa. Ugu dambayntiina waxa ay la hadleen qoladii Kuwayt oo waxa ay ku yidhaahdeen warkiisa ha dhegaysanina ee Jabuuti noogu musaafuriya. Isaguna markii dambe waa uu aqbalay. Ka dibna xoogaagii dharka ahaa ee ay u soo iibiyeen ayey shandad ugu gureen, waxa kale oo u ururiyeen lacag wanaagsan oo uu ku jid maro. Ka dibna sidii ayuu Jabuuti ugu dhoofay.

Walaashiis Canab oo ka sheekaysay soo noqoshadii Qaasin, markii uu Jabuuti yimi, waxa ay tidhi *"guriga waan ka maqnaaye, waxa aan imid isagii oo daaradda miciiran oo aad moodid qaxooti soo balan balay."* Waxa kale oo ay tidhi *"markii uu nastay oo uu afar cisho joogay, ayaan waxa aan ku idhi, waxa aad yeelaysaa waddankaagii ku noqo, oo iska deg oo gabadh guurso."*

Waxa kale oo ay u sheegtay Qaasin in uu jiro dhul ceel ka dhex qodan yahay, oo magaalada Burco ku yaal oo walaakii Dhereg Cadde lahaa. Waxa ay ku tidhi *"halkaas iska deg, beer iska falo gabadhna ku guurso oo safar dambe ha gelin. Aniguna wax kale ma karee, aan qol yar oo jiingad ah halkaas kaaga dhiso."* Hase ahaatee, markiiba wuu igu gacan saydhay ayey tidhi. Waxa uu Canab ku yidhi *"laba masalo dartood midna u tegi mayo Burco, hadda waxba ma haysto oo waxaan jiingad ka dhex qabto garan maayo. Midda kale oo ugu daranina waxa weeye, haddii aan bari tago, oo aan arko raggii Maxamed Axmed Guuleed (Baruur) dilay ma nabad gelinayo."*

Waxa ay Canab tidhi, waxa aan weydiiyey *"markaas maxaa kuu talo ah?"* Waxana uu ugu jawaabey *"waxaan iska qabanayaa xaggaas iyo East Afrikada kale."* Ka dibna waxa ay ku tidhi *"khalad ayaad samaynaysaa, dhulkaas cid tagtay oo ka soo laabatay ama maal kala timi ma aanan arag, marse haddii aad taladaydii diiday adiga ayey kuu taalaa, anigu intii aan kuu dedaali lahaa waan kuu dedaalay; walaaltinimoda uun ha inaka dhexayso."*

Markii ay Qaasin iyo walaashiis sidaas isku khilaafeenna waxa uu u dhoofay waddanka Itoobiya halkaasna waxa uu uga sii gudbay Suudaan. Qaasin oo socdaalkiisii Suudaan ka sheekaynaya waxa uu yidhi: Socdaalkaygii waxaan ku galay bas (bus) dhinaca Calateria (Eriteria) iyo Ethopia, dhowr wax yabood oon la yaabay baan ku arkay Suudaan:

1) *webiga naylka oo biyihiisu qulqulayaan iyo dhul abaar ah oon cidi isticmaalayn*
2) *Dumar ninja ah oo garays iyo kurdad caadi ah sita.*
3) *Magaalooyin wada kaneeco ah oon dadku le'aneyn ama dhammaaneyn.*
4) *Dad fool(cambuulo)) cunaya sannadka oo dhan habeen iyo maalin*
5) *Khamiis laba jeeb leh mid hore iyo mid dambe, dadka waxay ii sheegeen in ay caajis, ka tahay, qaarna gumaysigii baa alaabta fufud ku ridan jiray ka dambe ayey yidhaahdeen.*
6) *Ninka arooska ah isna waa loo xinneeyaa sida aroosadda*
7) *Xagga cuntada oo ay gob ku yihiin, guryaha dhexdooda ayaa taandho ama taanbuug laga dhisaa markaa qof waliba wixii uu kariyey ayuu keenayaa wax kasta ha ahaadaana, dabeedna halkaasaa laysku daraa oo lagu wada cunaa."*

Qaasin waxa kale oo uu sheegay in uu tegay Erateriya, halkaas oo uu muddo joogay. Ka dibna inta uu habeen filin galay, markii uu ka soo baxay ay niman tuugo ahi heshay oo laba kun ($2000) oo doolar oo uu haystay ay ka xoogeen. Ka dibna Itoobiya ayuu ku soo noqday isaga oo fara madhan oo aan shilin haysan.

Markii dhibaatadaasi ku dhacdayna, isaga oo xaalkiisu liito ayuu warqad Dirir Dhabe walaashiis Canab uga soo diray. Waxana uu uga sheekeeyey inta jab ku dhacay. Waxa ay Canab tidhi *"aniguna aad ayaan uga xanaaqay, nin wax maqla ma uusan ahayn, ka dibna halkii ayaan warqaddii ku gubey."*

Markii ay xaaladi ku cakirantay oo uu weli Itoobiya joogo ayuu Jaamac Yaasiin Ibraahim Deeragaad oo uu awoowe ugu beegnaa war u dirtay. Jaamac oo uu waalid u ahaa waxa uu ka mid ahaa dadka ay Qaasin si gaar ah isugu dhowaayeen. Jaamac waxa uu ku yidhi *"awoowe ha sii qaban Afrika ee dhulkaagii isaga noqo, halkaas ayaa lagugu caawinayaa. Baayac mushtar iyo wuxuun iska gal."* Ka dibna waxa uu ugu jawaabey, *"awoowe, Soomaaliya kuma noqonayee, $200 oo doolar uun ii soo dir."* Jaamacna labadii boqol ($200) ee doolar ayuu u diray, ka dibna sidii ayaa juuq iyo jaaq meel uu ku dambeeyey aan muddo 15 sano ah war looga helin, laakiin markii dambe waxa lagu sheegay in uu waddanka Koonfur Afrika, magaalada Biritooriya joogo.

Qaasin sida uu Xasuus Qorkiisa ku sheegay, in Ciraaq ka sokoow uu sidoo kale tegay wadamada Siiriya, Turkiga, Masar iyo Hangeeriya.

Waxana uu sheegay in markii uu Bariga Dhexe ka soo noqday uu ahaa sanadkii 1993kii. Intii aanu Qaasin waddanka Koonfur Afrika gaadhin wadamo badan oo Afrika ah ayuu sii maray ama joogay muddo. Wadamadaas waxa ka mid ahaa: Itoobiya, Eriteeriya, Suudaan, Kenya, Ugaandha, Malaawi, Moosanbiig, iyo Saambiya.

Noloshii Koonfur Afrika

Inta laga og yahay Qaasin waxa uu wakhtigii ugu badnaa deganaa magaalada Biritooriya ee Waddanka Koonfur Afrika. Halkaas oo uu tegay sanadkii 1999kii. Qaasin markii uu Koonfur Afrika degay, waxa uu shaqo ka bilaabay maktabad la yidhaahdo IQRA oo buugta Islaamiga lagu iibiyo oo uu lahaa nin Muslim ah oo Hindida Koonfur Afrika u dhashay. Inkasta oo aanu isagu sheegin Qaasin ahaan, waxa dad badani dareensanaayeen in Qaasin shaqadaas laga eryey markii Xanuunka AIDS-ka lagu ogaadey. Halkaasna uu muddo ku dayacnaa cid iyo ciirsi la'aan.

Sawirka 2 Maktabaddii Qaasin ka shaqaynayey

Sida ehelka sida fiican u yiqiin ay dhammaantood isku raaceen, Qaasin waxa uu ahaa nin aad u af-gaaban, in uu cid wax weydiistona ay aad ugu adkayd.

Guurkii Qaasin.

Sida Qaasin buuggiisa Xasuus sidaha ah ku sheegay. Qaasin waxa uu gabadh magaceedu ahaa Caasha (magaceeda intii kale waan ka reebay) ku guursaday waddanka Koonfur Afrika sanadkii 2003dii. Qaasin wax badan kama sheegin nolosha Caasha oo aan ka ahayn in ay ahayd qof aad u safar badan oo mar walba inta ay wax yar la joogto haddana safar cusub geli jirtay. Wadamada ay tagtay Caasha, sida Qaasin Xasuus Qorkiisa ku sheegay, waxa ka mid ahaa: Yemen, Sacuudi Carabiya, Itoobiya, Kenya, Hangeeriya, Saambiya, Simbaabwi, Moosanbiig iyo Koonfur Afrika.

Sida Qaasin sheegay, Caasha bishii Juun 2003, markii ay is guursadeen ka bacdi ayey Jabuuti iyo reerkoodii ku noqotay, waxana ay Koonfur Afrika ku soo laabatay bishii Diseembar 2007. Muddo yar ka dibna way dhooftay, ka dibna waxa ay soo noqotay bishii Septembar 14keedii, 2008. Qaasin waxa uu xasuus qorkiisa ku qoray in bishii Abriil 18, 2009kii, "*Caasha tagtay, goor ay soo noqonna Ilaah baa og.*" Qaasin waxa kale oo uu Buuggiisa Xasuus Qorka ahaa ku sheegay in uu guursaday gabadh kale oo markii dambe Oostaraaliya (Austria) u guurtay.

Soo Noqoshadii Qaasin

Markii uu maqnaa muddo malaha qiyaastii 25 sano ka badan, oo loo maleeyey markii uu xanuunkaasi uu u dhintay hayo ayuu xidhiidhkii uu ehelka la lahaa dib u furmay. Xidhidhkaas waxa sii caawiyey baraha bulshada dadku ku xidhiidho sida "faysbuug" iyo "watisab." Waxana inta badan in uu soo noqdo ku dhiiri geliyey dhalinyaradii ehelkiisa ahayd ee baraha bulshada kula xidhiidhi jirtay. Waxa isaguna la hadlay Xasan Ibraahim Deeragaad oo Qaasin abti u yahay, kuna yidhi abti Meesha iskaga soo noqo oo dalkaagii kaalay. Hase ahaatee waxa uu ugu jawaabey: *"Aniga oo aan waxba haysan dhulkii ku soo noqon maayo. Weliba aniga oo og dadkii aan ka dhashay oo weliba aniga wax iga filaaya."*

Hase ahaatee, mar dambe ayuu walaashiis Canab Guuleed Cadde la soo hadlay oo u sheegay in uu soo noqonayo; iyaduna waxa ay ku tidhi *"kaalay wixii dadku qabo uun baad la qabiye."* Inkasta oo dadkii la xidhiidhay aanay ogayn in uu xanuunsanayo, haddana farxad ayey u ahayd in Qaasin oo aad loo wada jeclaa waddankiisii hooyo ku soo laabto.

Qaasin soo noqoshadiisii waxa door way ka qataay baraha bulshada, gaar ahaan Facebook oo suurto geliyey in dad badan oo ehelada ah xidhiidh la yeesheen kulana taliyeen in uu waddankiisii ku soo noqdo maadaama aanu wax weyn Koonfur Afrika ku hayn. Shucayb Boqor Cismaan Aw Maxamuud oo Jaynaha joogay ayaa gabay (**Gacaloow mar soo noqo**) u diray Qaasin, waxana uu ku yidhi:

Gacaloow mar soo noqo:

1. Guhaad Qaasinow waa waxaan gobi ku fiicnaynne

2. Waan kuu gu tiriyaa sidii geela oo dhalaye.

3. Geedkii galbada waa inay laani garabtaal.

4. Haddii aan gadaal soobax iman waa geyaan lumaye.

5. Gurboon kula cayaaraan rabiyo gabana waa weyne.

6. Guuleed cade iyo waad ogayd garabyo weyntiiye.

7. Geedkay baneeyeen aduu gooni kuu yahaye.

8. Garashiyo aqoon waad lahayd guri kumeerkiiye.

9. Gugaaga oo lixdana baad hadeer guur u meertahaye.

10. bal gedada tiri maanso waa lagu gaboobaaye.

11. Goblan iyo waxa laga dhaxlaa gocasho beeleed e.

12. Gefka aad ku hadshaa loqori goobta aakhiro e.

13. Geeraaradaad tirinaysiyo gabayga aashiise.

14. Gaalkii mandeeliyo intaad guri xunkii joogto.

15. Ay gawracayaan dhamaan gabanadii yaacay.

16. Oon loo garaabayn khalqigu wuu nagasiraye.

17. Gashi nimaad ku leedahay marbaa laga garaacdaaye.

18. Geedkii galbada waa inay laani garabtaal.

19 Haddii aan gadaal soo bax iman waa geyaan lumaye.

20. Aan gebagabeeyee murtida garasho waayeeldheh.

21. Goonida hajoogine maruun guriga noo kaalay.

22. Gacaloow mar soo noqo anaa gaajo kuu qaba e

Qaasin oo Abwaan gabayo iyo heesaba gardaadshey ahaa, waxa uu Shucayb ugu jawaabey tixdan, isaga oo aniga (Faarax ahaan) iigu duur xulaya oo leh *"haddii aad cid guur la rabtid, adeerkaa u sheeg ah!"* Gabayga oo la yidhaadho *Garowshiiyo,* waxa uu yidhi:

Garowshiiyo:

- *Hadal gara mid gocasho leh mid aan laga gayoonaynin*
- *Shucayboow gartaa weeye iyo gabay bilowgiise*
- *Xigmad lagama guuriyo halkay dhigatay gaawaha eh*
- *Waa gogol dhiggii maansadaad gunudday heemaale*
- *Gelbiskeeda inan joogo oon guusha kugu siiyo*
- *Waa midan u guud xaadhayaa guga irmaanaane*
- *Gacal iyo xigaal inaynu nahay gumaradii Geeddi*
- *Gasiinka iyo ceesh wada leh oon kala geyoonaynin*

- *Gartay lama huraan baynu nahay goor iyo ayaane*
- *Guubaabadaadiyo helay goosin tebidiiye*
- *Nasiibkayga gaabshee waxaan ugu guclaynaayey*
- *Garaad laawe hay tirin awow gaabsadaan ahaye*
- *Intaan dunida gaadiid ku maray ee maylalka u gooyey*
- *Nacas baa gandoodsada cidlada oo reer garaabo ahe*
- *Ha ka tegin garowshiiyahaay gobi u aydaaye*
- *Dalxiis uma geline waxaan goobayaa jira eh*
- *Guursaday mid iyo laba hablaha gala Qurayshtiiye*
- *Ubad lagama soo guro haddaan guule kuu qorine*
- *Intaad shacab guntiga kuu xidhiyo gacanta dhowrayso*
- *Dhaaxaay ku garab taagan yihiin labada geesoode*
- *Adeerkaaba waa guun Ilaah how gargaar falo eh*
- *Oo Caruur garmaamaysan iyo gaadh hayeen siiye*
- *Gurigii Mandeeliyo kan Yurub waa gudboon simane*
- *Midba gaal yuhuudaa fadhiya oo gaar u meersadaye*
- *Maxaad igu gelaysaa adduun gudhaya weeyaane*
- *Mayd kama gabado maalin baa lays geyeysiine*
- *Baruurba Ceelafweyn buu ku go'ay biri mageydiiye*
- *Eebbow janada gee rabow gubatay laabtiiye*

Markii Shucayb Boqor Cismaan loo sheegay in Qaasin Guuleed soo noqday, iyo weliba aniga (Faarax ahaan) oo waddanka wax badan ka maqnaa ayuu tixdan gaaban tiriyey:

- *Sarta madaxa iga booday iyo timaha saydh maaya*
- *Sareedada i-fuushiyo murtida igu siyaakhowday*
- *Waa faraxa soo yeedhayiyo saadanbay imane*
- *Saahoodka laydhiyo ilaah samada kuu nuuri*
- *Hasamaato baan idhi warkaa saaqay aadmiga e*
- *Kal salguurtay meeshay in badan sagabtu kuu tiile*
- *Sarsariiga goonida ragbaa kaala saamiyahe*
- *Faaraxii sidaada u lumaa oo socdaa yimiye*
- *Sacabada tumaan leeyahoo sarakacoo booda*

- *Hablihii sareedada badnaa geela uga sooca*
- *Oo yaanay soo noqon marqudha seeto ugu jiida.*

Soo noqoshada Qaasin Waxa ay ahayd mid aad loogu wada hanweyn yahay markii aniga laftayda (Faarax ahaan), la ii sheegay in Qaasin soo noqonayo, waxa aan u tiriyey Qaasin tixdan gaaban:

Qaasinow nin qaaliya haddii qoyska laga waayo
Oo uu Qurbaha qaayiboo kaba qaloon waayo.
Oo uu qaraabiyo tolkuba kaalay kala quusto
Oo ay Quraan iyo duciyo quud dad lagu siiyo
Mar haddii Ilaahay qaderay inuu ku soo qaado
Oo qaayahaagaan rabnaye aad dhulkii qabatay
Qader eebe adigoo bed qaba kaalay qarankaaga.

Markii uu go'aansaday in uu waddaankii ku soo noqdo ayuu Qaasin tixdan *(Qaafil)* gaaban dhex dhigay bulshadii ay baraha bulshada isku xidhnaayeen.

Qaafil

Wax badan baan qurbaha miranayoon qaafil ku ahaaye

Qiso iyo layaab baan arkiyo qaadan kariwaaye
Ninba calafki meeshuu qotomo weynahow qoraye

Mar haddaanan quraanka iyo diin baranin qaynuunka

Ama aanan talo qaayibiyo[1] qaran u baaqaynin
Ama aanan ceelka u qodayn qaalintiyo beesha
Ama aanan qalabka u xidhayn Qaali iyo Kaaha

---

[1] Wanaagsan

Dalkii inan qabtaa waajibtiyo qaarka ii hadhaye
Jidka inaan Ilaah igu qayirin oo qaadir i ilaasho
Qaraabooy ducada ii badsha iyo qawlka aamiinta.

Markii uu Qaasin go'aansaday in uu waddankiisii hooyo ku soo laabto waxa uu tigidh u soo goostay Addis Ababa. Ka dibna isaga oo Addis Ababa jooga ayuu Xasan Bulsho kala soo hadlay, waxana uu ku yidhi "Madaarka ayaan joogaa, lacag iyo tigidh midna ma haysto oo lix boqon ($600) oo doolar oo aan haystey xawilaad ayaan ku soo diray waxana aan ku soo qoray magaca Maxamed Axmed Guuleed (Baruur). Baruur waxa uu ahaa ninkii uu adeerka u ahaa ee soo koriyey ee tacliinta baray. Baruur waxa lagu dilay magaalada Ceel-Afweyn wakhtigii waddanku qasnaa ee dawladdii "Soomaaliya" burburtay 1991.

Baruur oo 1991 markii Xamar lagu kala qaxay Ceel-Afweyn u guuray, dhulkii oo dagaalo xumi ka dhaceen oo burburay markii uu tegayna hawshii dib u dhiska iyo nabadaynta ayuu dhinaciisa ka galay; waxana loo magcaabay in uu noqdo, Xoghaya Dawaladda Hoose. Nasiib darro, maalin isaga oo makhaayad iska fadhiya oo shaah cabaya ayaa nin xoogaa u jira qorigiisa cabadi ka qaraxday ka dibna ku dhacday, ka dibna halkaas ayuu ku dhintay.

Arrintani waxa ay muujinaysaa in geerida Baruur ay ahayd mid Qaasin noloshiisa dhaawac weyn u geysatay, oo noloshii iyo geeridii Baruur iskaga qaldameen. Dad badan oo ehelka ka mid ahina waxa ay aaminsanaayeen, in sababta Qaasin waddanka loogu kari waayey in uu joogo, ay ahayd, isaga oo aaminsanaa in Baruur ogaan loo dilay, ka dibna uu ka cabsi qabey, in uu dhiig galo oo cid uga aaro.

Markii Xasan Bulsho iyo walaashii Canab weydiiyeen sababta uu lacagta ninka dhintay ugu soo qorayna, waxa uu ku jawaabey *"Qalbigayga ayuu ka go'i la' yahay, mar walba sidaas ayaan magaciisa u isticmaalaa aniga oo is ilaawaya."*

Aakhirkii lacagtii uu soo diray ee uu magaca khaladka ah ku soo qoray Xasan iyo Canab ayaa damiin u raadiyey, sidaas ayaana tigidhkii loogu gooyey. Sida Xasan Bulsho sheegay, waxa uu yidhi: *"Markii aanu madaarka kula kulannay waxa aanu aragnay in uu yahay nin aad u xanuunsanaya oo aad u soo dayacmay."*

Markii la arkay in Qaasin yahay nin aad xanuusanaya, in kasta oo aanay ogayn waxa haya, waxa ay Xasan iyo Canab is weydiiyeen meeshii lagu dejin lahaa. Ka dibna, Canab oo ka hadlaysay meeshii lagu dejin lahaa Qaasin ayaa waxa ay tidhi *"aniga Xaafaddaydu magaalada iyo dhakhaatiirta way ka fogayd, sidaas darteed Xasan Bulsho ayaa yidhi guriga gabadha uu adeerka (Qaasin) u yahay* Fardowsa Cabdillaahi Guuled *oo magaalada hoose taal ha loo geeyo oo qol ha looga baneeyo."*

Xasan Bulsho oo arrintaas ka hadlayeyna waxa uu yidhi markii aanu gabadha uu Qaasin adeerka u yahay ee Fardowsa Cabdilllah Guuleed u sharaxnay xaalkiisana way naga aqbashay in gurigeeda la dejiyo. Fardowsa ma aanay ogayn xanuunka adeerkeed hayaa nooca uu yahay.

Ogaanshaha Xanuunka AIDS-ka iyo Dareenkii Ehelka

Qaasin markii uu Hargeysa yimid waxa uu ahaa nin aad u xanuunsanaya, hase ahaatee nooca xanuunka haya cidna uma sheegin. Maxamed Shire Faarax oo Qaasin xaaladdiisa ka hadlay waxa uu sheegay in Qaasin markii uu yimi ahaa nin hilibkiisii go'ay oo aad u taag daran. Waxa kale oo yidhi *"Xanuunku aad ayuu uga muuqday Qaasin, laakiin isaga laftiisu nooma uusan badheedhayn oo nooma sheegin xanuunka hayey nooca uu yahay."* Maxamed waxa kale oo uu sheegay in uu Qaasin maalin u sheegay in uu laba kinin oo kabsool ah oo cascas uu qaadan jirey marka xanuunku sidaas u qabto. Waxa uu Maxamed yidhi *"markii aanu farmasigii geynay ee kaabsoolkii uu noosheegay kala hadalay ninkii Farmasigana, waxa uu noo sheegay in aanu sidaas wax uga iibin karin, aanuna garanayn kiniinkaasi nooca uu yahay."* Markii dambena waxa uu ninkii Farmasiga haystay ku taliyey in ninka (Qaasin) dhiig laga qaado si loo ogaado xanuunka uu qabaa nooca uu yahay.

Aakhirkiina dhakhtarka ayaa la geynay, markii sida loo hayey loo sharaxayna waxa uu kula taliyey Maxamed in Qaybta TB-da la geeyo si TB looga baadho. Ka dibna waxa loo qoray in dhiigag laga qaado. Waxa uu Maxamed sheegay, in inantii baadhaysay ay su'aalo weydiisay oo waxa ay ku tidhi *"hadda ka hor dhiigag iyo wax ma lagaa qaaday,"* ka dibna waxa uu ku yidhi *"haayoo saddex sano ka hor ayaa layga qaaday, oo ku beegnayd 2012kii."* Waxa kale oo uu gabadhii Qaasin u sheegay in *"berigaas ay qolada Koonfur Afrika ay baadheen ku yidhaahdeen AIDS ayaad qabtaa oo saddex sano gudahood ayaad ku dhimanaysaa, haddana waanigaas nool, marka waxa aan u malaynayaa in ay beentood ahayd."*

Maxamed Shire Faarax oo ahaa ninka dhakhtarka geeyey kana hadlaya arrintaas waxa uu yidhi *"markii aan maqlay hadalkii Qaasin iyo gabadha Neerasta dhex marayey ee xanuunkiisa ku saabsanaa ayaan sidii wax sigaar shidanaya dibadda uga baxay si ay hadalkoodii u sii wataan. Ka dibna, iyaga oo markaas kala dhammaystay, Qaasinna dibadda ku yara maqan yahay oo aniga meelahaas iga eegayo ayaan inantii u imid. Ka dibna waxa aan ku idhi adeer ninka xaalkiisa iiga waran, ka dibna way ii xaqiijisay xanuunkiisa. Sidaas ayaana Qaasin daawadii saxa ahayd loogu qoray, waxana gabadhii i fartay in uu asbuuciiba mar daawada u soo doonto dhaktarka, haddii uu isagu (Qaasin) imaan kari waayona loo soo doon."*

Ka dibna Maxamed inantii uu Qaasin adeerka u ahaa ee uu la joogay ayuu arrintii u sheegay. Waxana uu ku yidhi *"iska uruuriya si aanu wax idiin gaadhsiin, kana ilaaliya caruurta."* Waxa kale oo uu yidhi sidaasna waxa aan u yeelay, maadaama oo ay dharkiisa maydhayso ama cunto siinayso, in uu wax u gudbiyo ayaan ka baqay."

Maxamed oo ka waramay dareenkiisa ku saabsan in xanuunka Qaasin ehelkii ku dhex faafo, taasina ay dad badan baqdin gelisay oo xataa la soo booqan waayo, waxa uu sheegay in arrintaas uu isagu (Maxamed ahaan) eedeeda inta badan lahaa, maadaama uu isagu ku adkeeyey gabadha Qaasin adeerka u yahay in ay ninkaas xanuunkiisa aad uga taxadaraan.

Maxamed Shire waxa kale oo uu sheegay in Qaasin isagu is go'doomiyey oo aanu jeclayn in uu dibadda u baxo oo cid raaco, waxana uu jeclaan jirey in uu qolkiisa iskaga jiro.

Xasan Bulsho oo ahaa nin xaaladda Qaasin aad uga war hayey haddana xanuunka wuu ka qariyey Qaasin, waxaana looga soo sheegay waddanka Kenada ka dib markii ehelka dhexdiisa warkii ku fiday. Xasan oo arrintaas ka hadlayey waxa uu yidhi: *"Waxa ii wanaagsanaan lahayd in uu noo sheego markii aanu madaarka ka soo qaadnay xanuunka uu qabo nooca uu yahay, waayo si uun baanu uga tashan lahayn, maxaa yeelay dhulkeenna aqoon darro aad u weyn ayaa ka jirta xanuunka HIV/AIDSka dadkuna baqdin badan ayey ka qabaan, maadaama aanay garanayn sida oo kala qaado.* Haddii ay dadku aqoon u lahaan lahaayeena takoorkan laguma sameeyeen. Xasan Bulsho waxa kale oo uu yidhi *"waxa kale oo ay dadkeennu iska dhaadhiciyeen in haddii qofka HIV/AIDS uu ku dhaco isagu isu keenay, laakiin ma jirin Qaasin qof ka dhowrsan oo aan aqaan."*

Faarax Cabdi Guuleed oo Qaasin adeeer uu ahaa, kana warhayey xaaladdiisa; kana mid ahaa raggii maydhay markii uu geeriyooday waxa uu yidhi *"Adeer Qaasin, wax badan ayaan la sheekaystay, waanan waaniyey. Waxa aan isku deyey in aan dhiiri geliyo, oo uu xanuunka ku samro, laakiin waxa uu ahaa nin nolosha ka samray, kuna tashaday in uu iska tago halkii loo badnaa (aakhiro). Waxa aanu markii dambe ogayn in uu joojiyey daawadii uu qaadan jirey. Marka aanu weydiinana waxa uu nagu odhan jirey waan qaataa."*

Dareenkii Qaasin Markii uu soo Noqday

Qaasin sidiisaba waxa uu ahaa nin aad u af-gaaban. Dareenkiisana waxa keliya ee uu ku muujin jirey waxa ay ahayd suugaanta, gaar ahaan gabayada. Sida sheekooyinka hore uga muuqatana markii uu Hargeysa yimid, waxa uu dareemay in ehel iyo qaraaboba laga gaabsaday. Tixdan gaaban ee uu Shucayb Boqor Cismaan oo ay gabay wadaag ahaayeen u diray ayaa dareenkiisa ka turjumaysa. Tixda waxa la yidhaahdaa (*Gocasho*):

Gocasho

- *Galab iyo habeen wacan gaadh hayaad tahaye*
- *Gabaygii i soo celi markaad goohday keligaaye*
- *Gobay maxaa ku barideen annaga guulle noo roone*
- *Geelii ma soo hoysateen godob la aaneede*
- *Muddaan kala go'doonaye ragow galalac waagiiye*
- *Gubniyaa ku sugayaan lahaa geesh laguu xulaye*
- *Kaarbadkii odaygu[2] ii gogliyo waajib gaasiranye*
- *Faaraxoon[3] gujeeyiyo inyar oo gacala mooyaane*
- *Reer boqor maxay ii garteen iima soo geline.*

Markii Shucayb Boqor Cismaan, gabaygaa Qaasin ee calaacal ka ah helay. Kaas oo uu Qaasin ku sheegayo in dadkii ku daalay ee soo noqo lahaa sidii uu ka filayey aanay noqon cidina aanay soo dhoweyn, isaga oo weliba Shucayb aabihii, Boqdor Cismaan carab baabay. Shucayb oo tix gaaban ugu jawabaayaana waxa uu yidhi:

Garawshiiyo:

- *Adeer gacale geeraar hatirin hayna godobayne*
- *Geyigaan kadheerahay sidii galowga ciideede*
- *Garawshiinyo waan kula qabaa gocashadaadiiye*
- *Gartana igusin xaajada anaa gacantogaalayne*
- *Wixii odaygu gaasiray anaa gooshkan soo bixine*
- *Guntigaan kafuri Faaraxii gacanta laabnaaye*
- *Geelaan ka soo jari tolkeen gebi ahaantiise*

---

[2] Boqor Cismaan Aw Maxamuud
[3] Faarax Aw Maxamuud

- *Garta igu sin geeraar hatirin hayna godobayne*
- *Gaalada anaa kaaga wacay geerida horteede.*
- *Guulbaan ka joogaa markaan gooha soo diray*
- *Gebagebadu guul aakhiriyo guri barwaaqood dheh*
- *Gacantaanu kaamarin xumaan gocasho yeelkeede.*

Geeridii Qaasin

Geeridii Qaasin waxa ay ahayd mid dadkii ehelka ahaa ee aad ugu dhowaa ay aad isaga qoomameeyeen. Waxa ay ka war hayn la'aanta iyo xidhiidh xumada ku eedeeyeen aqoon darrada jirtay ee xanuunkaas ku saabsanayd. Intii ka ag dhoweyd, waxa ay in badan ku dedaaleen in aan xanuunkaas warkiisu dibadda u bixin, laakiin dhibaatada ka timi waxa ay ahayd in in badan oo ehelka ah aanay ogaan xaaladda iyo Xanuunka Qaasin. Waxaa gaar ahaan dad badan oo ehelka ah uurxumo ku beeray markii la weriyey in Qaasin muddo meyd ku ahaa gurigii yaraa ee loo dhisay.

Sawirka 3. Jiingaddii Qaasin Deganaa

In kasta oo khilaaf weyni ka jirey, oo walaashiis Canab oo guriga Qaasin daaradeeda ka dhisnaa, ay tidhi *"waxa ay u badnayd in uu maalin iyo habeen mootanaa, inta aan loo war hayn,"* laakiin dad kale oo ehelka ah ayaa aaminsanaa in uu laba ama saddex cisho gurigiisa ku meyd ahaa intii aan la ogaan.

Arrintu si kastaba ha ahaatee, doodan dhimashada Qaasin ku saabsan ayaa igu kaliftay in aan buuggan qoro. Waayo waxa isweydiin leh, *"maxaa dadka la gudboon haddii qof ehelkooda ah xanuun cabsi weyn leh, sida AIDS-ka ku dhaco?"* Ma cidlaa lagu tuurayaa mise waa la xanaanaynayaa? Waxa ay iila muuqatay, in qofka ehelka ah ay aad uga weyn tahay ka cararka xanuunka AIDS-ka, halkuu ugu hagar bixi lahaa qofkiisa ibtiladu ku dhacday.

Waxa jirtay gabadh la yidhaahdo Ayaan Nuur Axmed oo xanuunka AIDS-ku ku dhacay. Ayaan waxa ay ahayd gabadh dhalinyaro ah oo Tuulada la yidhaahdo Fiqi-Fuliye deganayd. Ayaan aad ayey u xanuunsatay, ka dibna (sida la weriyey) waxaa Burco keenay hooyadeed iyo walaalkeed. Sida dadkii waraystay ay sheegeen[4] Ayaan, waxaa lagu baadhay Dhakhtarka Guud ee Burco. Baadhitaankii ka dibna, Ayaan hooyadeed iyo walaalkeed waxa loo sheegay in uu hayo xanuunka AIDS-ku, ka dibna sida ay Ayaan sheegtay, hooyadeed iyo walaalkeed bartii ayey kaga dhaqaaqeen.

Ayaan muddo dheer waxa ay ku noolayd dhibaato iyo hoy la'aan iyada oo cid waliba eriday. Ayaan takoorka lagu hayo ka sokoow, waxa cidhiidhi gashay nabad gelyadeedii. Sida ay sheegtay, waxa dhagax ku eryan jiray ciyaal iyaga oo ku eedaynaya in ay AIDS qabto, ka dibna iyaga oo maalin eryanaya ayey kuftay, taasina ay sababtay in ay ilkihii qaar ka soo daataan. Waxa narkii dambe u kacay ninka la yidhaahdo Cabdimaalik Muuse Coldoon markii uu xaaladeeda ka

---

[4] Cabdimaalik Muuse Coldoon, waraysigii Ayaan Juun 8, 2016

waraystay, ka dibna ay dad badan oo Soomaaliyeed adduunka daafaheeda joogaa u kaceen oo dhaqaale ahaan la soo caawiyey, si ay u hesho hoy ay degto iyo wax ay ku noolaato.

Ayaan sida ay sheegtay, inan yar oo tuulo joog ah ayey ahayd. Waxa ay xanuunka ka qaadday ninkeedii oo u dhintay. Dad badanina waxa ay isweydiiyeen, maxay kasbatay oo hooyadeed iyo walaalkeed uga dhaqaaqeen ama intii kale ee ehelka u ahayd aanay ka soo ag wareegin?

Qaasin geeridiisii iyo sidii uu u dhintay dad badan oo ehel iyo qaraaboba leh ayey si weyn u taabatay. Markii anigu Faarax ahaan la ii sheegay xanuunka iyo xaaladda uu ku dhintay run ahaantii aad iyo aad ayaan uga xumaaday. Waxa kale oo aad ii sii taabatay aniga oo tiroba laba jeer la kulmay oo aan cidina xanuunkiisa ii sheegin. Markii geeridiisa la ii sheegayna waxa aan tiriyey tixdan gaaban ee baroordiiqda ah:

Waa Galab

Waa galab nin go'ayoo gocashiyo xanuun badan
Waa waa galab nin garasho leh godka looga soo tegay
Waa Qaasin Guuleed ninka geeridiisii dadku soo gudbinayaan
Waa galab guracanoo gacalkiyo xigaalkii ilmo gobo ka siiyeen
Waa galab xanuun gubey Guuleed dirkiisiyo kuwii Deeragaad dhalay
Nin gobuu ahaan jirey garashona u dheer tahay
Weligii ma kala gurin gacal iyo xigaaliyo kuwii goob la degi jirey
Godob iyo xumaantiyo gefka wuu ka dheeraa
Gurgurshuu ahaan jirey dadka garabka saaroo gacantiisu furan tahay
Allow guriga kuu nuur oo gubasho kaa hay
Allow gacanta taagnaye janno lagu ga'maayiyo guryosamo ku noolee.

Waxa isaguna tix baroor diiq ah ka tiriyey Qaasin geerid iisa, Mustafe Shucayb Jaamac oo ay abwaanka qaraabo ahaayeen, waxana uu yidhi:

Nin Qaaliya

- *Galin weeye dunidani, Iyo*
- *Galab carawtiin*
- *Waana laga gurmaayaa*
- *Guud ahaan adoomuhu*
- *Goor ay ahaataba*
- *Godka aakhiray gabi*
- *Geedi ugu jiraanoo*
- *Wadka ruux u goyn kara*
- *Ama gees maraan jirin*
- *Maantana waxaa go'ay*
- *Halyeey garasho dheeriyo*
- *Guurti iyo nin qaaliya*
- *Abwaan Qaasin Guuleed*
- *Gacalkiisii Eebboow*
- *Gidigood ka samirsii*
- *Isagana godka u nuur*
- *Geesta nabiga mariyoo (SCW)*
- *Janadaada wacan gee*

Waxa iyaduna gabay baroordiiq ah geerida Qaasin ka tirisay gabadh abwaanad ah oo la yidhaahdo Maryama xurmo Aadam yuusuf. Abwaanaddu in kasta oo aanay Qaasin aqoon u lahayn, waxa ay Xaaladeeda aad u gashay oo caawisay gabadh xanuunka AIDS-ka la dhibanayd, aadna darxumo u ahaysay. Gabadhaas oo ay isku reer Burco ahaayeen oo magaceedu yahay Khadra Saleebaan Warsame.

Khadra ninkeedii hore ayuu xanuunkaas ugu dhintay. Xanuunka ka sokoowna waxa ay mas'uul ka ahayd qoys todoba ka kooban, oo afar walaalaheeda ay xanuunka dhimirka qabaan. Maryan aad ayey reerkaas ugu dedaashay waxana ay iyada iyo dhalinyaro kale ugu qaylo doon tageen Soomaalida adduunyada dacaladeeda ku nool. Maryan iyo dhalinyaradii la shaqaynasey waxa ay reerkaas u ururiyeen lacag *qiyaastii* ku dhow saddex boqol iyo konton kun oo doolar ($350,000), ka dibna waxa ay ugu dhiseen dhowr aqal oo ka ku nooshay mooyaane inta kale kiro ka qaadato. Maryan gabaygeeda waxa la yidhaahdaa **Caku.**

Gabaygii Caku

1. *Cashadii timaadaba, cimradan koonka cuganaysa*
2. *Carigii aad joogtaba arimo ceesiyaa jira-e*
3. *Cakuyeeey war laabtayda iyo ceejay cunahayga*
4. *Cakuyeey war uurkayga iyo uu caqligu diiday*
5. *Ayaa igu cokane aan arlada caynka ugu sheego*
6. *Caadil baa cariga uumay iyo koonkan caymadane*
7. *Isagaa cugoo caymadshoo lagu ciseeyaaye*
8. *Caliim baa wuxuu kugu galado ruuxna kaa celine*
9. *Cudurka iyo caafiguba waa caabid amarkiiye*
10. *Qofna lacag camiran iyo aduun cudur ma siisteene*
11. *Caafimaadka ruux looma siin hadiyad caynkeede*
12. *Cilmi baa ilahay ka waday curashadaadiiye*
13. *Ilma aadanoow caynkasaba diide culistiiye*
14. *Aan cadeeyo caawana waxaan ceesh u cuni waayay*
15. *Qaasin oo abwaan caan ahaa EEBBENA ciseeya*
16. *Isagoo qaraabada cistiya culimo waayeel ah*
17. *Markuu cudur ku dhacay ee ladnaan laga caleen gooyeey*
18. *Muu geyin cidiisii inay cadaw u loogaane*
19. *Muu geyin in cadihiisu wiig Bacadka ceegmaane*

20. *Ma ahayn in ceeb iyo dheg xumo lagu cilaamaaye*
21. *Ma ahayn in cudurkii ku dhacay loogu ceebsado e*
22. *Markhaataa u dhacay oo cadaab waa ka ceesiga e*
23. *Waxaan caawa caynka u cuskaday ceebta kala reebe*
24. *Islaamnimadu waa caafimaad lagu cadaadaaye*
25. *Waar xanuunku waa cabasho iyo caalim idamkiiye*
26. *Ka cabsoo ilahay bulshooy caawi jilicdiina*
27. *Markuu caafimaad qabay qofkaad cugasho aadaysay*
28. *Haduu caawa liitoo xanuun kaga cabaadsiiyo*
29. *Ama uu cuslaadoo khatimo gebi codkiisiiba*
30. *Inaad ceebsataa waa darxumo kuugu ceejigane*
31. *Ka cabsada ilahay bulshooy caawi culustiina*
32. *Cimrigeenu wuu gaabanyee eebbe ka cabsooda*
33. *Cibaadada xejiya oo waqiin caalim ku xidhnaada*
34. *Is caawiya bulshooy cayn kastoo talo cakiirnaato*
35. *Diintana cuskada oo cabuud caalim u ahaada*

Jacaylka Qaasin Dadkiisa u Hayey

Inkasta oo Qaasin raaska uu ka soo jeedo uu yahay mid aad u ballaadhan, hadana laba qoys qaar ka tirsan ayey noloshiisu aad ugu xidhnayd. Qoyska reer Guuleed Cadde laba qof ayaa noloshiisu aad ugu xidhnayd. Geelo Guuleed Xujaale oo ahayd curaddii aabihiis iyo Maxamed Axmed Guuleed Cadde[5] (Baruur) oo Qaasin adeer u ahaa. Qoyska kalena waa reer Ibraahim Axmed (Deeragaad.) Ibraahim Deeragaad waxa uu qabey Geelo Guuleed. Waxana ay u dhashay Sagaal qof, shan hablood iyo afar nin. Laba ayaa yaraantii ku dhintay, waxana hana qaaday todoba oo si wanaagsan noloshooda u dhisay, dadkoodana sumcad aad u weyn ku lahaa.

---

[5] Cadde waa naanaysta Guuleed Xujaale

Geelo Guuleed Xujaale (Cadde)

Waxa ay ahayd qof aad u caqli iyo gobonimo badan, caanna ka ahayd raaska Qaasin ka soo jeedo, ma huraanka iyo bulshada inteeda kaleba. Meesha Geelo reer Guuleed Cadde ugu weynayd, Qaasina waa uu ugu yaraa. Qaasin walaashiis Geelo aad ayey ugu qaali ahayd, waxana uu u hayey ixtiraam dheeraad ah. Markii ay Geelo geeriyootay ka dib Qaasin waxa uu u tiriyey gabay baroor diiq iyo xasuus ah. Qaasin waxa uu mid mid u amaanayaa Caruurtii Geelo dhashay isaga oo xusaya mid kasta hal-karaanimadiisii iyo doorka uu reerka kaga jirey. Gabayga waxa uu tiriyey bishii Maaraj 13keedii, 2011.

Gallad Eebbe

1. Galladdii ilaahay haddaan gabay ku maansoodo

2. Taariikh gabowdiyo waqtigan socodka goynaaya

3. Dhallinyaro guyaalkii tegaan idin garwaaqsiine

4. Iga gura adduun gaabtay baan daba gelaayaaye

5. Guleed hablihii uu dhaliyo ubadki guudkiisa

6. Midduu gaarka uga soocday ee laabta gelinaayey

7. Geelo cad midduu ula bexee gooni ula badhay

8. Ee ducada geenyo ugu raray gebi ahaanteeda

9. Guntigay ku xidhatoo waxay gunudday dhowr jeere

10. Geelo iyo ilaah baysku ladhay gaade mudankiiye

11. Gurgurshaa waxay noo ahayd godol aan daalayne

12. Gacal iyo xigaal ururiskaan cidi ku gaadhayne

13. Gobanimo waxay sheegatiyo gaarinimadiiye

14. Gurigeedu wuxuu noo ahaa golihii weynaaye

15. Gogosheedu may laabmi jirin goor iyo ayaane

16. Tolku garashadeeduu ku yimi geedkii xamar weyne

17. Geddigood quruumaha haddii laysu wada geeyo

18. Gabdho fara ku tirisaa ku jira Geelo oo kale e

19. Godka eebbe kuu nuur walaal geeri dabadeede

20. Iska gama'a dadkaagii ilaah guusha ugu deeqye

21. Ma goblamine ubadkaagii baa galay halkaagiiye

22. Goonyaha waxay kala jiraan qaarba meel go'ane

23. Haddana goob qudhay wada degaan waa gasiin midahe

24. Warka waxay is gaadhsiinayaan saacad gudaheede

25. Hadba kii gubtahanyoonayey gelin ogaadaane

26. Waa ciidan meeshay galaan guuli daba taale

27. Guddoonkiyo qalbiga saafigay midho ku goostaane

28. Gudaha iyo dibaddaba dhulkii geliye taadiiye

29. Waa laamo aan kala go'ayn oo geed ku wada yaale

30. Gurta oo ha waayina nimcada gu' iyo jiilaalba

31. Geesigii Cismaan doox ragguu cadow ka giigaayey

32. Gaashaan biruu noo ahaa garabki Yaasiine

33. Dhaaxay gudaayeen habeen galab carraabeene

34. Gabadanada dhaaxaay sidii Goday u jiidheene[6]

35. Golcastiyo cadceeddii wuxuu dhididku gow leeyey

36. Gabbal dhacay wax badan baaney iman gurigi reeraaye

37. Dhaaxuu ku gaylamay dagaal geeska lays daraye

38. Gantaalii rasaastay xubnuhu galangalcoobeene

39. . Millitry gadoodaa wax buu dib u galaaftaaye

40. Gufaacooyinkii weerarada laysku kala gaabshay

41. Girligaanka iyo pmkii goofka qodanaayey

42. Cidhba gogolka gaaleemadiyo geed isu ekaynta

43. Garba shiishka iyo feejignaan laba gar daymoodka

44. dhinacyo u galgaladkoodi iyo guure bahalaynta

45. Dhufays lagu gurguurtiyo dhul baan laga geyoonayne

46. Dhaaxay garmaamaynayeen gegi banaankiiye

47. Gucle orodka wuxu aawadeen ganafku dhiigaayey

48. Gumaysigii na dhacay bay halkuu galoba saareene

49. Gaaweeto lagu shaahayaa gubay afkoodiiye

---

[6] Dagaalkii 1977 ee Soomaalidu magaalada Godey Xabashida kaga qabsatay.

50. Hadba gees u cararkoodi bay gool ku dhaliyeene

51. Waxaan gorodda laalaadiyaa gocashadoodiiye

52. Waa mujaahidiin gudubtay oon magucu guurayne

53. Abtiyaal jannada guulahay ha idin gaadhsiiyo

54. Malaa'iigtu haydiin gogleen go'a xariireede...
55. Cawil Dirir gilgilay oo wax badan guday xilkiisiiye

56. Murtiduu ku gaalgaali jiray gaabiskii hadha e

57. Guulaamaduu kicin jiraan Gurey[7] illaaweyne

58. Guddi ururtay xaajada haddii gole la waageero

59. Goobta odayo loo waabay ee foodda lays geliyey

60. Cuqaal laysu guray guurtidii madasha loo gooyey

61. Goray yaa lahaayey markay qayladu is gaadho

62. Gashi laysku haystiyo haddii godobi uugaanto

63. Gorfaynteeda taladii hadday gees u bixi waydo

64. Garyaqaan Bulshaa[8] noo fadhiya gaadh hayeenkiiye

65. Gurac uma maroorshee ninkii gudhiyey weeyaane

66. Go'aankiisa waa lagu qancaa goboladeeniiye

67. Guntin faraqa waxan kuugu shubay duco an guurayne
68. Guubaabadeedii Qorshaan[9] geni adayg naaye

---

[7] Yuusuf Cawil Dirir (Gurey)
[8] Xasan Ibraahim Deeragaad (Xasan Bulsho)
[9] Qorsho Ibraahim Deeragaad

69. Guutooyinkii Cadar[10] dhashaa geesh dhan kaafiya e

70. Indhadeeqi[11] gacan haadinteed la isku soo gaadhye

71. Qosolkay ku googayn jirtaa gaystay naxariise

72. Waa gumaradii Maxamed Cali gacalkii Oomaare

73. Caasha Dhuux[12] halkay noo gashaan weli gabyaayaaye

74. Haddaanay gurada reerka ugu jirin goosan baa maqane

75. Gacan qabashadaadii xusuus gaara nagu reebye

76. Gaadada waxaad nagu wadiyo gaadhi qaaliyahe

77. Gabno caano yaridaan ku nacay gaawihii madhane

78. Madi aan gudhayn baad tohoo gaagaxa aqoone

79. Adigaa hadhuubkii gingimay joojay goonyha e

80. Gadhka awrka adigaa hayoo rarayey gaadiide

81. Garduur iyo adaa nagala baxay buurihii golise

82. Garab daar sidaad leedohoo galow wax kuu sheego

83. Ama uu hud-hude aan gam'in iyo haatuf kula guuro

84. Qof waliba wixii uu gudaad garan maqaamkiise

85. Waayeel ushu u gaabataad bixisay goor roone

86. Immisay galaan kuu dareen khayr ma gaasiro

---

[10] Cadar Ibraahim Deeragaad
[11] Indhadeeq Ibraahim Deeragaad
[12] Caasha Ibraahim Deeragaad (Caasha Dhuux)

87. Ardaygii tacliin goobayaa qalinku gaabtaaye

88. Immisaa guyaal ka aflaxay oo gaadhay hadafkiise

89. Ginigiyo waxaad taarataa geliyey maamuuse

90. Gunadaad u laabaysay bay nolol ku gaadhaane

91. Guurku waa raxmada eebbeheen guri yagleelkiiye

92. Immisaa gelbin iyo aroos gaafna loo tumaye

93. Immisaa dayaarado gembiyan gooshay heegada e

94. Garbaduub mid loo joojiyoo caynka lagu giijay

95. Oo jeelka lagu garangarshoo godatay laabtiisu

96. Gurmadkiisa adigaa lahaa gaydhe dhaxameede

97. Gawska iyo labadiisa daan ways garaacaane

98. Gefka waxad is diidsiisay oo waxaan garanin moodaysay

99. Goldalooladaad awday baan kuu garaabaaye

100. Galaas dahaba adigaa ku helay guunyo iyo maale

101. Ifka gacalow noolow adaan naga gaboobayne

102. Aakhirana Gobaadey ilaah kuu gar gaar bixiye

103. Gunta aqalku wuxu ka unkamaa seeska gaamura e

104. Gundhig adag haddaan loo samayn kaa gelgelimowye

105. Xaali Shire galaal hooyadii gacalka deeqaysay

106. Gobtii Caasha Sacad[13], Maymuun[14] Garaad inanti Guureeye

107. Waa hablii garbada toosin jiray geedigii hore e

108. Gondohooda lagu sheeg jannada galabsigeediiye

109. Waa gardaadintoodii wanaag noo gimaamadane

110. Xajkii oo la geeyiyo xanaan guduba mooyaane

111. Abaalkooda lama goyn kariyo gacan ku hayntiiye

112. Halyeygii galbaday deeqsigii gooha demin waayey

113. Cabdi Dheere Guuleed[15] wuxuu noo galaa badane

114. Garka uu isagu kaa xigaan gaajo kaa qabane

115. Gurmood dhalay wuxuu noo lisay oo gaawe nagu siiyey

116. Garanuugta iyo cawsha iyo gabal ugaadheedka

117. Goha iyo abaarii wuxuu ganayey maadhiine

118. Caato lama gewero oo martidu looma soo guro e

119. Gool buu ku sooryeyn jiriyo gaabanow adhiye

120. Galool iyo hashii uu lahaa maalin buu gadaye

121. Gebogebo ku beer cadow markuu guuxo sida aare

122. Canaan gibina iyo mid yar oo galaxa mooyaane

123. Ma guhaadin jirin xaaska iyo gabanadiisiiye

---
[13] Caasha Saleebaan, Xaaskii Yaasiin Ibraahim Deeragaad
[14] Maryan Guure, Xaaskii Xasan Bulsho
[15] Qaasin walaalkii

124. Gargaaarkaaga weynow ha qadin gabaxnay muuqiise

125. Ga'daa ila fogaataye Samsameey[16] aan gunaanado'e

126. Dhaqan guurey gaaliyo islaam laysku ganacgooyey

127. Dhallinyaro u go'a tiina oo gooni ka ahaada

128. Gardarada ha yeelina adduun laysku geliwaaye.

Qaasin waxa uu ahaa nin dadkiisa jecel aadna ula socdey midkastaaba waxa uu ku sugan yahay. Waxa uu intabadan dareenkiisa ku cabiri jirey hibada ilaahay u siiyey Suugaanta. Gabaygan waxa uu ugu baroor diiqayaa Cali Cismaan Ibraahim (Deeragaad) oo uu dhalay Cismaan oo uu Qaasin abti u yahay. Markii geerida loo soo sheegay waxa uu Qaasin ku sugnaa waddanka Koonfur Afrika, taariikhda uu tiriyeyna waxa ay ahayd bishii Diseembar 25keedii, 2011. Qaasin waxa kale oo uu gabayga ku xusayaa Baruur, oo aad weli moodid in aanu geeridiisii ka samrin.

Beeldaaje

01. Badbaadada ILAAH baa nafluhu boga ku maalaaye
02. Beriga iyo badda iyo qofkii samada buubaaya
03. Mid waliba baryada weynuhuu baqaha tuugaaye
04. Boqol adiga oo jiray iyo adoo weli barbaarkiiya
05. Ilaa mowdka lama joojin karo saacad buuxsamay eh

06. Ilaa beerku kuma go'o naxdini waad la beleshaaye
07. Ilaa baraf xubnaa lala dhacaa bered xanuun weyne
08. Ilaa maduxu boos kuma noqdiyo boosh cad raama lehe
09. Qof adduun barriinsaday la waa oo boqorku noo sheegye

---

[16] Samsam Maxamed Rusheeye, Caasha Dhuux inanteeda.

10. Midba maalin baa loox banaan loo barkinayaaye
11. Nebigiiba beri aan dhoweyn beegsay aakhiro e
12. Baruurba ceelafweyn buu ku go'ay biri ma gaydiiye
13. Bogsan mayso meeshii jidhkii bururtay waagiiye
14. Rabbiyow farduusa ugu baaq waayey barihiiye
15. Baadi doonka raacdada ninkii beden gubyoonaayey
16. Bacadka iyo guuraha ninkii biime soconaayey
17. Boodada ninkii geenyadii jaraha boobaayey
18. Bu'da dhexe ninkii ay indhaa baylku hadhi waayey
19. Badh libaax ninkii qaatay ee beesha dabajoogay
20. Booraamihii shalay ninkii daymo badinaayey
21. Birmadkiisa wiilkaan hagran ee maata bixinaayey
22 Wuxuu caynka bayda ugu xidhay ee baadadka u giijay
23 Beeldaajiyii Cali inuu baxay la ii sheegye
24. Bidhaantiisa lagu farax halyey waa boqool tegey eh
25. Beryo inuu na weheshaan jeclayn maalmo sii badane
26. Ubuxuu barbaarshiyo carruur beydka gurigiisa
27. Ka badbaadi aafada allow baahi weligoode
28. Barashada dad aan dhibin wanaag baarri uga yeel
29. Rabbiyow maalaa'iig u bixi baalka ku ilaasha
30. Bilaash uga dhig waxay doonayaan oo xeedhada u buuxi
25. Isagana bushaariyo jannada barinay AAMIINE.

Gabaygan Waxa uu Qaasin u tiriyey *Samsam Maxamed Rusheeye*, oo ay dhashay gabadha uu abtiga u yahay ee Caasha Ibraahim Deeragaad. Gabayga oo uu u bixiyey *Taaj Qurxoon*, waxa uu Qaasin ku iftiiminayaa mudada badan ee Samsam qurbaha ku noolaayd iyada oo yar, iyo hawlaha badan ee mudatay, iyo sidii ilaahay u samata bixiyey.

Taaj Qurxoon:

Samsam gacal yartii nagu sintay ee samir u goob joogtay
Dadka lama sinnee inantii aan naga sal-guuraynin

Waa inan ILAAHAY sakhiray oo saa'id baariya'e
Suxufiyad aan naga suulin iyo waa sareedada 'e
Wax badan bay samaan iyo wanaag doontay saalixa e
Wax badan bay sugnayd oo cidlada cidina siinayne
 Salaan inay dadkeedii ka heli sugaysey khayraade
Wax badan bay ilmadu saaqdey ay samir ayuubayde[17]
Wax badan bay da'daan sixin ajnebi sidig u taagnayde
Wax badan bay Siraadey adduun saahid ka hayde
Soortaba mar bay deysay oo xidhatay soon dheere
Seexashoba mar bay diiday oo sare u taagnayde
Saaxiib mar bay weyday iyo ruux mar saacida'e
Saymaha mar bay ruubatiyo surin cidhiidhyoone
Mar baa salow dagaal iyo ku kacay waxan la suurayne
Tiro ma leh intay sigatay oo saatir qaabilaye
Bal intay Awowgeed[18] sidday ee saxar ka dhowrasey
Sawirkii ayeydeed intey laabta sudhanaysey
Qofna kama sidiqo waa runteed sugatay taariikhe
Ilaah samata bixi oo wadada saaniga u sheegye
Allow Samir ma iisho'e Rabbibigu ugu sed roonaaye
Ninna calaf ma suurayn kariyo say hadhow noqone
Sakatigu ayuu idin haligin siistay waayaha'e
Ducaan kuu sidnaa Saafiyey sharaf siraadkiiye
Naga qabo Sabaadey adaa saamiga u halaye
Samsameey Awow taaj qurxoon waanu kuu sudhine
Ifka samo ku noolow adaa noo samaan falaye
Aakhirona saxaabii jannada EEBBE kuu sahalye.

Gabaygan Waxa uu Qaasin u tirey Axmed Cawil Dirir iyo Shukri Xasan Bulsho oo ah laba dhalinharo ah oo isqaba, isaguna awoowe u ahaa. Gabayga oo uu u bixiyey *Waano waalid*, waxa uu tiriyey bishii Febarweri labadeedii 2013.

---

[17] Samirkii Nebi Ayuub
[18] Ibraahim Deeragaad

Waano Waalid:

1. Shukriyeey ayaamiyo dadkuba gelinba waa aade
2. Odaygaaga iyo qaar kaleba waad odorostaaye
3. Inkastuu walaalkaa yahood aad u garanayso
4. Ha is odhan islaankaan waa Axmadigiiye
5. Raggu umalka wayskaga mid uun cadho aloosmaaye
6. Marbuu aqalka kala daadiyaa agabka kuu yaale
7. Marbuu aburka saydhaa sidii aarka soo dhiciye
8. Ubadkiyo marbaan lagu hallayn aarankuu dhalaye
9. Abjad iyo marbuu meel dhigtaa sida agoonkiiye
10. Sida awrka micida leh marbuu oodda jebiyaaye
11. Is ilaali ubadkaaga iyo oog salaadaada
12. Albaabkaaga xidho jeer dambeba wuu iska imaane
13. Marna waa addoon lagu rartaa qaar albaabada e
14. Oo aad u dirataa adeeg aytam (item) kii maqane
15. Qofna lama ogaysiin wixii dhici aroortiiye
16. Hadba sida axwaashu u dhacdaa lagu arooraaye
17. Abshirsada sidii wacan adduun waa ishaarada e
18. Irsiq waasic waa laga dhergaa doogga ayda lehe
19. Erayada macaan ee qalbigu ku istareexaayo
20. Ismaylka (smile) ha ka tegin waa xasuus lama ilaawaane
21. Udgoonkiyo nadiiftaa niyada aad wax kuu tara e
22. Anfaca ugu roonoow intaanay liicin adhaxdiisu
23. Itaal ma leh haddaan loo adkayn udub dhexaadkiiye
24. Ilaah baydin waanshaye lagama helo Aadni ruux kale e
25. Taydu waa awoownimo ducada erayga toolmoone
26. Is ahaada laba wada jiraa unug ka beermaaye
27. Ismigiisa weyn baa rabiga lagu addeecaaye
28. Aan cuskado Allah aakhiriyo aaladdaa sare eh
29. Ugubkii is doortoow salaan aada iga hooya
30. Dhallin ehelu akhyraad tihiin ubadkii Maymuune

31. Qorsho ururinteedii baad intaas ku intifaacdaane
32. Waxa lagu istaagaa jacayl aaminiyo diine
33. Olol baa xubiga wada midaan abid la deynayne
34. Mid hadduu anbado xaalku waa aayatiin ma lehe
35. Axmed iyo Shukriyey waxa tihiin reer is aaminaye
36. Hadduun baan arkaye maan ogeyn aqal galkiiniiye
37. Wakhtigayna kala ooliyiyo eelka duniyeede
38. Isku waara ubad khayr qabaa eebbe idin siine
39. Aafona ha mudanina dhib waa lagu asqoobaaye
40. Anshax iyo wanaag caafimaad oosha nabadeed
41. Odayadii is waafaqay tolkii raalli ka ahaaday
42. Asal raacday wiilyohow halkiyo originaalkiiye
43. Iftiinka u sid waadiyo xilkaa aymiyaad tahaye
44. Arbow waa nasiibkaa adaa helay akhlaaqdiiye

Gabayga Baroor Diiqda ah waxa uu Qaasin ka tiriyey geeri lama filaan ah oo ku timi Aadan Shire Faarax (*Aadan Sanweyne*). Aadan waxa *Daad* ku qaaday[19] Bishii Maaraj 31keedii 2013, dooxa Lafa Ruug, gaadhi ay isaga iyo dhowr qof oo ehelka ahi la socdeen. Halkaas oo ay isaga iyo gabadhi ku dhinteen. Dooxa Lafa Ruug waxa uu u dhexeeyaa magaalooyinka Berbera iyo Hargeysa. Aadan Sanweyne waxa uu ka tirsanaa Golaha Guurtida Somaliland. Waxana uu ka soo jeeday Gobolka Sanaag. Aadan waxa uu ka mid ahaa raggii dib u heshiissiinta Somaliland iyo nabadda bud dhigay. Waxa uu ahaa nin reerka uu ka soo jeeday iyo Somalilandba aad ugu weyn. Markii Aadan meydkiisii la helay ka dib, waxa loo sameeyey aas qaran; waxana ka soo qayb galay madaxweynihii wakhtigaas Axmed Maxamuud Maxamed (Siilaanyo) iyo madax badan oo aan la soo koobi karin.

---

[19] Bishii Maaraj 31 keedii 2013

Baroor Diiq

1. Rabbi baa iska leh dunida oo furay albaabkeede
2. Hadba siduu isagu doono bay ugu ahaataaye
3. Qofna eray ma soo celin karoo Waa iraadada e
4. Ifka laguma waaroo darbaan abidki joogayne
5. Ajashii dhammaatana cid baan oolin karinayne
6. Nebigiiba(scw) waatuu aqbalay aaski geerida e
7. Maka tegey adduunyada ninkii Aadan Shire Faarax
8. Alla ya arxam oday lagu hirtaa iilka hoos maraye
9. Ma galbaday uruurshii waxanad filani iin reebye
10. Inkastooy xaq tahay aakhiroon la asaraaraynin
11. Alla nagu adkaydee siday aayar uga boodday
12. Aheey waa qadhaadh dhimashadaan nala ogaysiine
13. Waa waxa qalbigu noo ololay oo uurku noo huraye
14. Af dhalaalay oogada dubkiyo jiidhku na abaadye
15. Madaxweyne amar weyn leh iyo boqor awood sheegtay
16. Casraa'iil ma laaluushi karo imashadiisiiye
17. Iska keen naftaadaan rabaa wuu addeecaaye
18. Ayaamuu na weheshaan jeclayn lama illaawaane
19. Aagga nagu banaanaaday baan oodi celinayne
20. Astaan lagu daydaa buu ahaa damal la eegtaaye
21. Isba udub dhexaad buu ahaa aad wax noo taraye
22. Deeqsigii ayaanluu ahaa loo abaal gudo e
23. Arrimaha cakiran iyo markii odaya loo yeedho
24. Markay ulanto xaajadu markay aad u kululaato
25. Staylkuu u qaabayn jiraan weli I daynayne
26. Ergaduu sabaalayn jiraa qiray afkaartiise
27. Usha wuxu u siday nabadda tii laysku aamino e
28. Ummaduhuu walaaleeyey baan loo abtirinayne
29. Usuushiyo wanaagguu yiqiin hadal asluubeede

30. Ustaad macalin buu noo ahaa kii asiiliya e
31. Bedelkiisa eebbow na sii ehelu khayr dhoofye
32. Afrikada Ameerik ilaa eeshiyiyo Ruushka
33. Indo-China weesaaqantiyo ubaxi Baarliine
34. Arjantiin ma seexdaan dadkii ururkii laatiine
35. Anti-artic way foororaan oosha reer Yurube
36. Inta aradka guuraynaysiyo badaha aashooda
37. Insiga iyo jinnka iyo wixii ayda miranaaya
38. Uubateeye nooluhu warkii subax arooryaade
39. Uumiyaha dhammaantii ayaa oohin ciirsadaye
40. Sanku neeflohoo idil baroor qaylo oogsade e
41. Ma ilmeeyey galowgii xanuun uurku taalada e
42. Anfariirtay fiintii hud-hude xidhay asaydiiye
43. Naasiibtay murugadu Shirow waana amankaage
44. Togga adhaxya ruugow adaa dilay adeerkay e
45. Asbaabtiisa adigaa lahaa urugadaydiiye
46. Arwaaxdiisi adigaa makalay qaaliga ahayde
47. Oroshiima tii lagu ridee weli afuufmaysa
48. Sunta aan wax reebin iyo haddaanan miino kugu aasin
49. Ilmaadeeradey iyo haddaanan aarmi soo xulanin
50. Onkod Carab Ducaaliyo[20] haddaanan aarki kula beegsan
51. Madfacuu ishaarayn jiriyo pm ku asqaynin
52. Inkaar qabe halkii aad ku tiil uunku garan waayin
53. Aaladii Sadaam iyo haddaanan aafo kugu beerin
54. Haddii aanan arlada somaliland gobolka kaa awdin
55. Uubtii bermuudiyo haddaanad noqonin aafaada
56. Dib u soo agmariddaa haddaan laga ugaadhoobin
57. Haddii aan bridge ooga dheer sare lagaa aadin
58. Oomane harraad qaba iyo haddii cidiba kuu aydo
59. Utuntayda waan sugi inaan maalin aarsado e
60. Haddii aanan axan li'I ku badin waa inoo tahay
61. Ubadkuu dhalay iyo carruur ooryihiyo xaasas
62. Ilaahow u naxariiso waa aaran soo kiciye
63. U astee ardaa lagu gam'iyo aqal ma guuraane

---

[20] Carab Ducaale Cilmi waxaa ku mid ahaa Saraakiishii SNM hoggaaminayey

64. Aadmiga u sakhir waa tafiir kuu itaal darane
65. Allow sahal ammuuraha adaa noo ilaasha ahe
66. Liibaan[21] awoowow nimaan iilan baad tahaye
67. Tolku umalka waa kula qabaa oodankaa dhacaye
68. Iska samir hadduu aabbe baxay aragi weydoobey
69. Cawilkiisa eebbaad ka heli kuu Insha Allaaye
70. Isimkiisi waa kula socdaa u eki diisiiye
71. Ducada u adkee waalidkaa goor iyo ayaane
72. Weynow iliilaha jannada waa abaalkiise
73. Farduusa ugu deeq waa halyey eed la'aan yimiye
74. Asxaabii u gee waa addoon taa istaahila e
75. Allow naga ajiib tuugmadaa barinay aamiine.

Tixdan kooban oo uu abwaanku u bixiyey Saynaba Xariir, waxa uu u tiriyey *Saynab Ibraahim Omaar* oo ay kabadh uu abti u yahay dhashay[22]

1. *Saynaba xariireey gabdhaha waad u sida taaye*
2. *Waxad tahay siraadkii ka baxay soonka cadadeede*
3. *Suldaanudii qurayshtaa ku dhalay samaydii reer shiikhe*
4. *Ilaahay ha kuu wada sakhiro saa'id iyo khayre*

Sida Qaasin ayey hooyaday Khadiija Xasan Jibaar Allah ha u naxariistee dhimatay, aniga oo da' yar. Dhimashada hooyaday waxa ay ahayd had iyo jeer tumaati igu taagan. Xaataa markii aan weynaaday weli xasuusteeda iyo hilowgeeda ayaa iga go'i waayey. Ugu dambayntii waxa aan sameeyey sanadkii 2010kii hees, la yidhaahdo HILOW HOOYO oo ay qaaddo Ruun Xaddi Saban.

---

[21] Wiil kuu dhalay Aadan Shire Faarax
[22] Indhadeeq Ibraahim Deeragaad

Hilow Hooyo:

Hooyo hooyo hooyo ** Hooyo hooyo hooyo
Markii uu hagaaju igu kaa habeeyee xanuunkii ku helay
Hibashiyo walaac aanu hawl ku gelin
Oo aad habeeno tirintii ood xaamilanayd
Ducaduna hareertiyo horay iyo gadaal hiil eebahay hooyo kuu ahayd
Halgaaddii foosha kulul hooyo
Hawada markaan u soo baxay hooyo
Markaad hab i siisay hooyo
Hugaad igu qabatay hooyo
Horaadada nuujintii hurdada ku ilaalintii
Hadaaqiyo socod barkii hooyo ma hilmaami karo

Habkaad ii barbaarisiyo habkaad habkaad ii barbaarisiyo
Higgaada afkaan lahaa asluubtiyo haybadayda
Hubaal dhaqankiyo hiddaha
Diinteeniyo hanashadeeda hawsheeda adaa lahaa
Hanuunkana eebeheen

Anoo kuu hiloobayoo adiga kuu qaba haraad
Hurdana uga go'ay dartaa
Haddii layga kaa horqaaday xaqii ku haleelay hooyo

Ducaan hanti kaaga dhigayaa
Hoygii janadoo qabow
Ku waartaan hiiliyaha
Habeen iyo maalin hooyo
Had iyo jeer kuu baryaa
Habeen iyo maalin hooyo
Had iyo jeer kuu baryaa

Qaasin markii aan la wadaagey heeskii Hilow Hooyo waxa uu iigu soo jawaabey tixdan *Ha is Hiifin*.

Ha Is Hiifin

1. Faaraxoow halkaad tidhi
2. Hooyada u tirisee
3. Hammi ugu dhaqaaqdee
4. Hibashada dareenkiyo
5. Halqabsiga xanuunka leh
6. Hilowgii kalgacalada
7. Hurdo seexan weydoo
8. Haatuf kuu dhawaaqee
9. Halkii aad ku dhalatiyo
10. Haradii ku geeyoo
11. Hawshaan ogaay iyo
12. Wixii halac ku soo maray
13. Hilaad kuugu sheegee
14. Aniguba hammuuntiyo
15. Hiirtaanyo raagtayba
16. Hooyo wayga soo maray
17. Hooyadayba maan arag
18. Intii aan higgaadshee
19. Hoyga dunida joogee
20. Nacas heeryo sida iyo
21. Habac baan ogeynoo
22. Garashada hilmaamee
23. Hiddihii ka guuree
24. Waan kula hagoogtoo

25. Ha is hiifin weligaa
26. Ha u qaadan keligaa
27. Hooyooyinkeennii kuwii naaska nagu habay
28. Ilaahow u hadiyee
29. Janadii hibo u sii
30. Cadaabtii hareer mari

Maansadan gaaban Qaasin waxa uu u tiriyey Mustafe Cumar Yare oo ay saaxiib iyo tolba ahaayeen iyo Xaaskiisa Sahra Bulaale oo iyada lafteedu isla raaskaas ah. Maansada waxa abwaanku ku magcaabay *Rag Doorkii*.

Rag Doorkii

Samirkii dadnimadiyo
Waa madax nin doorkii
Daahirkii naftaadiyo
Dawlad iyo badhweeyaan
Duntii reer magaalkiyo
Waa dayasho waafiya
Adigiyo dadkaagiyo
Qaalidaada dahabk ah
Rabbi haydin daayoo
Nolol debecsanaaniyo
Derajada mid aakhiro
Isku duuban wada hela.

Dhalinyarada is Guratee

Gabaygan Qaasin waxa uu dareenkiisa kal-gacal iyo bogaadin ku cabirayeyey dhalinyaro ehelkiisa ah oo gole maanso samaysay si ay ugu manaaqasheeyaan maansada iyo hal abuurka. Waxa uu halkan ku magcaabay, Jibriil Xasan Bulsho, Jaamac Oogle, Mustafe Shucayb Aw Jaamac (Guleed). Gabayga waxa uu soo bandhigay bishii Sebtembar 2012.

Dhalinyarada Is Guratee

Dhallintii is guratee
Dhistay golaha sharafta leh
Gabayga iyo geeraar
ku gedaamay heesaha
Galab iyo Habeen wacan
Gu'ga da'ay aroortii
Saxansaxo ku gaafee
Farxad lagu guddoonsaday
Sida loo gelbinayaan
Gacamadii dalkeenniyo
Amba gaadh is leeyahay
Oday gaabinaayoo
Soo gurguurtay baanee
Inkastuu gunaanaday
Garnaylkii Jacaylkee
Uu ku tuuray Guuleed
Jaamac xidhay giraantii
Inyar aan ku gaacshee
Ma ogtihiin in Guuleed
Inuu gaadh u qoran yahay
Gabdhaa dunida joogee
Mid waliba grade tahay
Guduud iyo casaaniyo
Maariin garaara leh
Gobol, dhererka qaarkii
Goonbaar hadduu helo
Nacab gacan ku dhiiglaa
Isu gaabinaayoo

Gawaan raacsha weligood
Isna gabayga heestiyo
Guurow ma daayee
Ha ku gubina maradee
U gaalgaala caashaqa!

Qaasin waxa kale oo uu dhalinyaradan la wadaagay tixdan gaaban (*Dalxiis*) oo uu tiriyey Bishii Nofembar 20keedii, 2010. Dhulkan uu abwaanku dhalinyarada xasuusinayaa waa deegaanka uu ka soo jeeday yaraantiisiina Geela ku raaci jirey.

Dalxiis

Dhalintii hal doorkaay
Dalxiis maydin geeyaa
Dalya iyo Badweyn iyo
Beerweeso dacalada
Dooxooyinkeedii
Laga daahay Buuraha
Dararweynihiisii
Duxidiyo madheedhkii
Dayr nabada joogaan
Danweyn iyo Nugaal godan[23]
Dogoble iyo Karamaan
Darintii ku faaftoo
Xooluhu ka daaqaan
Deegaan wanaagiyo
Ku ammaanan derisnimo
Maydin daawasiiyaa
Biyo Daris ku naaxii
Hadh qaboobe Damalkii
Waa Garab-Cad daymada

---

[23] Dhulkaas uu abwaanku tiriyey waa nawaaxiga Ceel-Afweyn

Halka layga daaree
Ishu doogsanaysee
Diihaal ku reebkii
Midhcayada dusheediyo
Durdurkii Kal-shiikhiyo
Duleedkeeda Dhabar-mamac
Xammilka u dareel geel
Dooxada Iskuufiyo
Goob ramaas u daa qurux
Diirimaad Gal-yaaqiyo
Daadkii Gureedhood
Dalsankii faroodoo
Doogsini ku hoortoo
Ubax dacalka dhaaf yahay
Maydin daawasiiyaa

Hal-Abuurka iyo Maansada Qaasin

Qaasin gabayada dadka ay ehelka yihiin u tiriyey ka sokoow, waxa uu ahaa nin Hal-Abuur xeel dheer leh. Waxa uu tiriyey gabayo, heesho iyo maansooyin kale oo kookooban. Waxa uu ahaa nin aad u aragti dheer oo aad moodid filasoofar. Gabayada iyo heesaha uu curiyey waxa ay isugu jireen, jacayl, waddaninimo, ammaan, guubaabo, iyo kaftan.

Inkasta oo uu Qaasin Hal-Abuurka hibo u lahaa, waxa uu sheegay in macallinkiisii koriyey Maxamed Axmed Guuleed (Baruur) uu kala dardaarmay in aanu gabyin. Qaasin sida uu xasuus qorkiisa ku sheegay, waxa uu markii dambe u fahmey in waanada gabayga uu Baruur ula jeeday in aan gabayadu tacliintiisa ka habsaamin. Qaasin markii ugu horeysay ee uu gabayga si muc weyn u bilaabay, waxa uu tiriyey gabay uu ku hal qabasanayey ama ku maamuusayey **Hadraawi**. Isaga oo weli is xasuusinaya dardaarankii Baruur waxa uu yidhi "gabaygan *Hagar Bax* aniga igama imaan ee Haatuf ayaa igu yidhi tiri."

Hagar Bax

1. Ha'da gabayga hawraar san iyo hugunka suugaanta
2. Hubqaadkeeda maansada darbaa hoobin jiray waaye
3. Hufnaanteeda nimankii bartiyo hoyde gacalkiiye
4. Halyeygii Salaan[24] iyo ragbaa hootada u sidaye
5. Isaguba hoggeeduu yiqiin haabka loo dhigo e
6. Wixii uu hadhuub noogu shubay ka hirqan dooneeye
7. Hadday hibasho leedahay murtidu oon laga habaabaynin
8. Halqabsiga dhankii loo dhigiyo heensihiyo muunad
9. Ina Fadal[25] hoggaan buu u xidhay lama hilmaamaane
10. Hanaankii Ismaciil Miriyo Dhuux[26] ma hadimayne
11. Seyidkiiba[27] waa haawin jiray hiif wuxuu qabaye
12. Hindisihii Afyare[28] kaama lumin hubinidii Qaaje[29]
13. Hojintii Maxamuud Daalin iyo habiddii Laanjeer[30] dheh
14. Hoorintii Qamaan[31] ina Ugaas[32] hininigtoodii dheh
15. Hashii[33] geedi maaleed duqii[34] gaalka ka hagaajey
16. Horseed buu naflaha ugu ahaa inay heshiiyaane
17. Hoobaaqda goortuu ka digay haatan ma ahayne
18. Hooyaalihii Timacadaan[35] Haybe dhaafsadaye
19. Iidaan[36] hangool buu la helay haydhafkii baqaye

---

[24] Maxamed Maxamuud Xirsi (Salaan Carabey)
[25] Maxamed Nuur Fadal
[26] Cali Dhuux
[27] Seyid Maxamed Cabdulle Xasan
[28] Cali Cilmi Afyare
[29] Maxamed Abokor Ismaaciil (Qaaje Gurey)
[30] Faarax Laanjeer
[31] Qammaan Bulxan
[32] Raage Ugaas
[33] Waddanka
[34] Seyid Maxamed Cabdulle Xasan
[35] Cabdillaahi Suldaan Timacadde
[36] Cabdi Iidaan

20. Wuxuu boqonta heeraami jiray heecow dhaansamaye
21. Haydaaraduu soo arkiyo Qaasin[37] halistiiye
22. Hangash-Faqash sirtii ay hayeen maalin buu helaye
23. Habar saarrey waatuu ka dhigay taliskii hoosiise
24. Humaag lama tilmaamiyo waxaan cidi u heelayne
25. Afqalooc[38] wuxuu haybin jiray hir iyo meel dheere
26. Haleelada ma deyn jirin Gahayr[39] haarib iyo qaane
27. Wuxuu xerada ugu hoysan jiray hawl yaraan boga e[40]
28. Hungo kagama tegin Yawlihii[41] wuu humaajiyaye
29. Gacal Xaayow waa haadin jiray hadhimadiisiiye
30. Hiraabtuu u dheemaali jiray ha' iyo guurow e
31. Halkan kuma dhamayn karo abwaan haansiyoo kacaye
32. Waa wada horyaalkii bilado lagula hiilaaye
33. Hadraawiba naftiisuu u huray calanka heemaale
34. Isagaaba loo haybiyaa hoga tusaalayne
35. Halkaraan wuxuu noo igmadey hab iyo maamuuse
36. Hiddo raac wuxuu ugu badshaa waa hal dheerida e
37. Ruug caddaa murtidu hoga dhigtoo hibo ku xeeldheere
38. Hidaheena waa tuu ku qoray harag shabeelkiiye
39. Waxa timuhu haadda[42] u noqdeen hubanti weeyaane
40. Hawaduu ka saadaaliyaa say hadhaw noqone
41. Haatuf baa garbaha ugu rakiban hayteg qaaliyahe
42. Quruumuu ku haasaawiyaa buurta hoga dheere
43. Hud-hudkiyo waxa u soo warama haadka dibadeede
44. Hilaadday ku tabantaabiyaan hogol daruureede
45. Hooyooy la'aantaa markuu heesta tiri naayey
46. Halbowlihiisa dhiig buu ku qoray hagar la'aaneede
47. Hilbihiisa qaarbuu ka jaray hiibka[43] bowdada eh

---

[37] Axmed Ismaaciil Diiriye (Qaasin)
[38] Xaaji Aadan Afqalooc
[39] Cabdi Gahayr
[40] Gabayga
[41] Maxamed Aadan Caws (Yawle)
[42] Timihii cirraysteen
[43] Muruqa

48. Hengel buu u xidhay uumiyaa heelka foorara eh
49. Hayinnimo dar baa qaayiboo sii hunduda meele
50. Waatuu hagoogta iska rogay tuuray heeryada'e[44]
51. Waatuu higlada dheer ubaxay hudiyey geeraare
52. Wax badan buu hayaay iyo ka kaca heelo noo tumaye
53. Wax badan buu higaadda u akhriyey duul habaw galaye
54. Wax badanbuu hubaal ugu dhex dhacay hurinta reeraaye
55. Wax badan buu harraad ugu dhib qabay huq iyo laystaane
56. Wax badan buu hariiryaalihii[45] hiil la beegsadaye
57. Waxa badan buu handeday guulwadii[46] heerarka lahaaye
58. Dhaaxay ku hagardaamiyeen hoosadii Xamare
59. Hog madow intii lagu riday kaga hagaageene
60. Samir buu hagoogtaye miyaa cidiba hoomayday
61. Ilaah baa hoggaanka u qabtoo kii[47] halligay baase
62. Haawayda waatuu ka riday kii haraatiyaye
63. Gobanimada halas buu u galay hayjad iyo kayne
65. Halgankii qadhaadhaa wuxuu hogayey gaadiide
66. Habqankeena waa sugi jiriyo haydhafkii lumaye
67. Shicibkoo hanaan toosaniyo dawladnimo haysta
68. Iyagoo habeen iyo dharaar hal iyo diirkeeda
69. Hawshana mid qudha wada ah iyo hoobayowdada
70. Ilaa uu hayaankii ku furo haro jidhaamawdey
71. Hamigiisu waa taagan yahay hurinta maanseede
72. Maxaa inaad ku hirataan sidaa idin halaysiiyey
73. Hanoolaatadii Gaariyaan[48] xiisadeed hadhine
74. Haan buu u dhaansaday murtida kala hufkeediiye
75. Isaguba habeen kama dul tago hagidda beelaaye
76. Hadhka labada gelin buu intaa hooy ku leeyahaye
77. Gumaysiga hunguriguu ka dabay haatan iyo jeere
78. Dhaharkii[49] halgaadduu la helay haarriyoo cararye

---

[44] Ka soo hor jeesadkii Maamulkii Maxamed Siyaad Barre
[45] Maxamed Siyaad Barre
[46] Ciidamadii Siyaad Barre qaar ka mid ah
[47]. Maxamed Siyaad Barre
[48] Maxamed Xaashi Dhamac (Gaariye)
[49] Maxamed Siyaad Barre

79. Huudh buu garbaha kala dhiciyo jeedal haah kulule
80. Huleel bay arlada kaga tageen tuu la hiishadaye
81. Haadaanta dheer buu ka riday halaqi jaahuure
82. Hawl yari ku naaxow dabbaa kuu hadoodilane
83. Hunfo haysku qarin meel kastaba hoobiyaa sudhane
84. Hantidaa dadweynaha ka joog yaad halaagsamine
85. Hooy daa dhurwaayow libaax haaribaa jiray e
86. Hooy daa agoon heeran iyo hooyo lama siine
87. Naafada halyey baa dulmanoo geesi baa hadhaye
88. Ha is moodin waa lagu arkaa daba hunuushow e
89. Waxay u hamranaayaana waa yey hulaaqsamine
90. Hurgumadiyo waxay qarinayaan huq iyo ciilkiiye
91. Humaagiina way ka ilbaxeen huf iyo beentiiye
92. Hareerahaaga eeg tuuladaa geesh hadhsanayaaye
93. Iska hoyo intaan lagu aqtulin heedadaw yohow e
94. Anigoo ka haajiray dhulkoo dibad hadaafaaya
95. Anigoo halkeenii ka tegay lama huraan ciidda
96. Anigoo muddaba hawl ku jiray waa hawo adduune
97. Anigoo hilaw igu dhashoo hibasho luudaaya
98. Hiyi kaca aniga oon fadhiyin home sick weeyaane
99. Hoygaan salaan ugu tegoo helayna suugaane
100. Allaylehe waxaad na huwiseen haybad iyo shaale
101. Hooyaale gabay heesta iyo hadhaca geeraarka
102. Wixii hoobal caan baxay ayaad hoyga geliseene
103. Hal-xidhaalayaashaa ku badan hoyga qara wayne
104. Hagaag baw dhigteen xarafka iyo hilinki toosnaaye
105. Habaaskiyo waxaad ka hurgufteen hilaygi saaraaye
106. Hanad baa hubkiisa u sita oo hogaya maadhiine
107. Hoodiyo waxay garab degtaa boqorka haashimiye[50]
108. Heegadiyo waxay saaran tahay meel hilaac badane
109. Iyagoo hidihii soo xidhoo heetis soconaaya
110. Ubaxii Hargeysiyo ka baxay harada guudkeeda

---

[50] Isaaq

111. Hablihii qurayshtaa dul sudhay khayligii hodane
112. Hoogaansi bay ugu dareen u hanbalyeeyeene
113. Hayin awra bay ii tihiyo hebed ma laayaane
114. Hir caleenle way aniga iyo hiigsi nololeede
115. Sidii hara digeed baan u shubay waw hamuun qabaye
116. Horaadada irmaan baan ka dhamay caano haadi ahe
117. Haleelada waxaan maalayaa sidigta hoobaane
118. Horraysiyo dambaysaba wixii haanta uga buuxay
119. Halqiguna waxay kaga dhergeen weel haraaciya e
120. Halkiinaa ka wada waa murtida hagar baxeediiye

Golihii Hal-Abuur

Markii baraha internetku (Social Media) ay soo baxeen Qaasin waxa uu ku xidhmay gole lagu gorfeeyo maansada oo ay ku midoobeen dad maansooyinka curiya iyo kuwo xiiseeyaba. Golaha waxa loo bixiyey Hal-Abuur. Gabayada iyo Suugaanta kale ka sokoow, madasha waxa la isku dhaafsan jirey murti iyo kaftan badan. In kasta oo dadka golaha ku jirey ilaa boqol qof ku dhoweeyeen, intan ayaa magacyadoodii la helay.

Tiro	Magac	Magaalo/Waddan
01	Axmed maxamed Faarax (badeed)	Hargeysa, Somaliland
02	Axmed Cabdilaahi Maxamuud (Fartaag)	Dooxa, Qadar
03	Axmed saleebaan Xirsi	Hargeysa, Somaliland
04	Bashiir Xasan Jaamac	Kualalambur, Malaysia
05	Cabdi Fataax Daahir Cige	Qaahira, Masar
06	Cabdi cabdillaahi Aadan	Toronto, Kanada

07	Caasha Luuul Maxamuud Yuusuf	London, Ingiriiska
08	Cabdi Xuseen Good	London, Ingrisiiska
09	Cabdirashiid Axmed Maygaag	Oslo, Norway
10	Cabdirisaaq Maxamed Maayo	Hargeysa, Somaliland
11	Cabdiraxmaan Ibraahin aadan (Abees)	London, Ingiriiska
12	Foosiya Axmed Maxamed Hormuud	Burco, Somaliland
13	Faysal Awcabdi Cambalaash	Hargeysa, Somaliland
14	Cabdillaahi Cali Ibraahim	Swindon, Ingiriiska
15	Cabdiraxmaan Xuseen Cumar (Tallaabo)	Berbera, Somaliland
16	Mahad Maxamed *Xandulle*	Dahraan, Sucuudiga
17	Jamaal Cali Xuseen	Abidjan, Ivory Coast
18	Kamaal Cabdillaahi Xuseen (Gamaal)	Nashville, Maraykan
19	Mawliid Aadan Caydiid	Birmingham, Ingiriis
20	Muuse Maxamuud Jaamac (Dhoollayare)	Ceerigaabo, Somaliland
21	Khadar Kayse maxamuud	Ottowa, Kanada
22	Maxamed Maxamuud Cabdillaahi	Sanca, Yemen
23	Ismaaciil Maxamed-Cali	
24	Siciid Maxamed-Cali	Oullu, Findlan
25	Siciid Maxamuud Gahayr	Hargeysa, Somaliland

26	Saleebaan Sh C/raxmaan Cashuur	Bern, Swizerland
27	Maxamuud Sh. C/laahi Maarey (Gabyaaye)	Oslo, Norway
28	Saado Ciise Cismaan	Sheffield, Ingiriis
29	Jaamac Xuseen Diiriye	Berbera, Somaliland
30	Deeqa Xasan Axmed	Hargeysa, Somaliland
31	Jaamac Ducaale	Hargeysa, Somaliland
32	Jaamac Muuse Abyan (Farro)	Switzerland

Gabaygan Abwaan Qaasin waxa uu tiriyey bishii Sabtember 13keedii 2010kii, isaga oo Pretoria, Koonfur Afrika Jooga. Waxa uu soo dhex dhigay golaha *Hal-Abuur* gabaygan oo jacayl u eg ujeeddo kalese yeelan kara waxa uu ku magcaabay Cirsan Ka Yeedh.

Cirsan-Ka-Yeedh.

1. Nimanyohow cibaarada adduun gelinba waa cayne
2. Hadduu caashaq kugu beermo waa caynad gooniyahe
3. Cirsanyeedh hadduu kuu lalabo caarid baad tahaye
4. Caanaha hadduu kaa qabsado *caatonimo* keenye
5. Curyaannimo hadduu kugu hubsado caabuq kugu reebye
6. Cooflaha libaax bay isaga ciriq wadaagaane
7. Cilmi iyo raggii uu cambalay ee ciidda hoos mariyey
8. Cantar binu shadaad buu diliyo ceebladiisiiye
9. Intuu curado naafeeyey baan laysu celinayne
10. Ciil iyo sawaxan buu ku riday caasha iyo baare
11. Cawaystuu hoggaansaday ka badan ciidda karamaane
12. Cadradaha intuu dhalan rogay oo ceejay baa badane
13. Caafiyadda qaar buu ka jaray cunay dubkoodiiye

14. Cafis ma leh qofkii uu la tago labada caaroode
15. Coomaadayaal buu wataa coomir xoogsadaye
16. Cirfiid bay shaqeeyiyo quruun geed cimaamadane
17. Haddii uu ku caydhsado sidii cawsha kula roorye
18. Ama uu ku caabiyo ma lihid cudud ku haysaaye
19. Cabashana ma yeeloo middaa lagala caal waaye
20. Ciiddan buu ku faafsaday dhulkay cadar ku noolayde
21. Halkiyo ceerigaabiyo sanaag cidhifyadii daalo
22. Cal madow hadduu kaa dhex galo weyday caasiga e
23. Ceel af weyn hadduu kaaga lumo waa cuqaal diro e
24. Anuun baa cidloodaye dar buu cunaha haystaaye
25. Oo aan jawaab celin karayn camal su'aaleede
26. Cishqi ila teg ooglow haddaan ciirsi tebayaaye
27. Igu carisay duulkuu watiyo reer camaaliqa e
28. I carceeri laba goonlihii camanka weynaaye
29. Cashadaad ishaartuu dharaar cawda ii jaraye
30. Haddii aad u cigalayn lahayd ima canaanteene
31. Sidaan caydigiisii ka dilay wey cartamayaaye
32. Cirjiidh iyo wuxuu igu wadaa laba cabaydhoode
33. Intii uu cayntayn lahaa caasha igu qaadye
34. Candadowlmay goortuu i helay cudurka laayaane
35. Waa calaacal aan timo lahayn inan caweeyaaye
36. Caloolyowga igu raagay ee la igu ceersaashay
37. Culays baa garbaha iga fadhiya curuqyo waaweyne
38. Ciddijiidka waxa iigu wacan cunufyadiisiiye
39. I cantuug shabeelkay arlada uga carraabeene
40. Hadba gees u carar baa i dilay sida carsaanyeede
41. Camuud iyo wuxuu igu tigtigay daba cadaadeede
42. Cakuye lama galaan buu cuskaday meel cidhiidhiyahe
43. Aniguna yartii aan calmaday ee calanka lay saaray
44. Cindiguba miduu iga qabsada een caalamka u koobay
45. Curubtaan ku daaliyo middaan cubayey raadkaada
46. Casha noolba waxan raadiyaa caynka ay tahaye
47. Cishiriin gu' baan doonayiyo weliba coogcooge

48. Calal buu dharkii iga noqdiyo haylo caaryo lehe
49. Afrikada cagaag baan ku maray awr caddaysinahe
50. Cadceeddaan mar sii raacayoo hoos ka coonsadaye
51. Carabaha waxaan sii dhigtiyo ceelashii yurube
52. Cadan iyo sidni ilaa cadayga kaynaansan
53. Cumaan iyo darkii siiriyey cimidh u joogeene
54. Cusayb lagu jeclaadiyo dhulkuu calan walaynaayey
55. Ima celinin Baariis intay ii cayaareene
56. Caasimadihii aan ka deyey waa camuuddaase
57. Calamadaan ka hoos shaahay buu ciiray dumarkiiye
58. Oo uu caddaan iyo madow cayn walba u joogay
59. Inta gabadh cillaan loo marshee dunida ceegaagtey
60. Midna ima cajabin waa la yaab caawa aan qabo e
61. Cir ka soo dhac maan sugo midaan cidi indhaa saarin
62. Caad ku laalantaa iga luntee caynku igu gooyey
63. Waa dowlad caadila haddaan calaf ku yeeshaaye
64. Eebbow cirshiga nooga keen waa casiisiya e.

    Waxa gabayga *Cirsan-Ka-Yeedh* uga jawaabey Qaasin nin abwaana oo la yidhaahdo Jaamac Axmed Oogle (Caanoboodhe).

Gardarada Cishqiga

1. Ga'da gabay beryahan Qaasinoow waanigaan geline
2. Waataan ka gaabsaday adeer gogoldhigiisiiye
3. Caawana adaysoo geshee eray ma gaysteene
4. Gabaygaagu wuxuu sheegayaan maandhow uur garane
5. Tix yar oo garaadkay ka timi gacale aan sheego
6. Gardarada cishqigu waa midaan laga garaabayne
7. Kun ninuu galaaftaad taqaan gacal islaameede
8. Geesigii Cilmiyo qaar kalaa ciida hoos galaye
9. Qays buu gilgiley Cawraluu geeyey aakhiro e
10. Gar-maqaate weeyaan jacayl gubay ragiisiiye

11. Gujadiisa ruuxuu la helo wuu gagabiyaye
12. Gumuciyo rasaatiisu waa gaarida haweene
13. Goombaar haday tahay nal buu kuugu guud xidhiye
14. Geestuu rabuu kuu kaxayn sida gamaankiiye
15. Adigana gedaadaan arkaa oo wuu ku gaasiraye
16. Garbaduub haduu kaa dhigay oo socodkii kaa gooyey
17. Gasiinkii haduu xidhxidhay hadalku waa gawe
18. Taladayda geesoow anigu waxaan ku soo gooyey
19. Mar hadaanad gaadhayn yartaa dayaxa duud saaran
20. Gureedh iyo God Caanood intaan hadalku kaa gaadhin
21. Ee dakharku weli gaaban yahay gacale maad jooogtid.

Gabaygan oo Abwaanku uu kaga qayb galay maanso la magac baxayday "**Gorfeeya**," oo abwaanku kaga jawaabayey baadhis laga samaynayey aafada Qaadku ku leeyahay bulshooyinka Soomaaliyeed.

Gorfeeya

1. Garashoy aqoontaa
2. Gabayow wax sheegaa
3. Geeraar samayntaa
4. Boqorow guyaalkaa
5. Madaxweyne goortaa
6. Quruxey is gaafkaa
7. Garaadow wax fahankaa
8. Xaajow gorfayntaa
9. Geenyoy fudaydkaa
10. Guulay ku faraxaa
11. Gaashaan wax celintaa
12. Gacaney wax qabadkaa

13. Guuyoy wax taridaa
14. Gabadhey xishoodkaa
15. Gogoleey u fidintaa
16. Gaariyey nadiiftaa
17. Guurow nasiibkaa
18. Gorayoy haldhaagaa
19. Guddiyey go'aankaa
20. Geedow caleentaa
21. Guutooy is raacaa
22. Geesiyow dagaalkaa
23. Galabey cadceeddaa
24. Gaadhiyow wax qaadkaa
25. Gaadhow habeenkaa
26. Garabow is taaggaa
27. Geeddiyow hayaankaa
28. Gurmadow is dhaafkaa
29. Geelow adkaantaa
30. Gaanow dareerka
31. Gorgorow hawaarkaa
32. Guracow maroorkaa
33. Gaadmow wax yeelkaa
34. Goldaloolo muuqaa
35. Gabno caano yaridaa
36. Bakhaylow giriifkaa
37. Gubashow kulaylka
38. Guuxow dhawaaqaa
39. Geeriyey baroortaa
40. Gocashow is hiifkaa
41. Gebiyow ku ciirkaa
42. Gulufow colaaddaa
43. Gumucow rasaastaa
44. Nin xunow guhaaddaa
45. Gilgilow wax saydhkaa
46. Gaajow qadhaadhkaa
47. Gabbaadow dugsoonkaa

48. Gardarow nacaybkaa
49. Gudcurow madowgaa
50. Geesow biciidkaa
51. Goolow ku dhalintaa
52. Inaan horumar gaadhnoo
53. Dadku wada guddoonsado
54. Nin walow is garo oo
55. Gacalada naftaadiyo
56. Gurigaaga ka istaadh
57. Geedka laysku falay iyo
58. Car garaabo sii daa!
59. Bal mar goy sigaarkana
60. Guud ahaan dalkeenaa
61. Inta gini carowdee
62. Naylaga guraayee
63. Gubanaysa maantii
64. Bal xisaab ku gaylami
65. Isu gee khasaaraha
66. Malyuumaad gurdamayiyo
67. Go'yaal weeye doolara
68. Ka baxaaya geesteen
69. U gelaaya qolo kale
70. Waa go'doon DHAQAALEED
71. Waxa taa ka goolmoon
72. Goblan iyo masiibo ah
73. Caafimaadka gaasiran
74. Midab guurka dhacay iyo
75. Garaadkiyo naftaa rogan
76. Gunta kii lahaa jaray
77. Sida loo gayaxa maro
78. Dibna loogu guurayn
79. Iga gura tijaabada
80. Iga gunud dhabweeyee
81. Godolkii habeenkii

82. Gasiinka iyo calafkii
83. Marka uu ku gaadhee
84. Gelinkiisu kugu dego
85. Adigoon ilgalaclayn
86. Kiniin lagu gamaa jira
87. Farmasiga ka soo gado
88. Laba gees isugu tuur
89. Iska khuuri goortaa
90. Faras guud cada ah fuul
91. Marba gobol ka soo shah
92. Marba gees u kaynaan
93. Subaxdii gilgilashada
94. Garmaamee awooddaa
95. Gala shaqada waa sede
96. Inta aad geddaa tahay
97. Haddii caajis soo galo
98. Geedka liindhanaantaa
99. Jeex laga gasiintaa
100. Ama gebi ahaantii
101. Galaas laga casiirtaa
102. Ilmo gabax tidhaahdiyo
103. Haamaansi googaa!
104. Is garowsi raganimo
105. Shaydaanka how gelin
106. Galka seefta uga saar
107. Garashada watiin iyo
108. Aayadaha ku geylami
109. Hala galo salaadaha
110. Waqti kaama go'ayee
111. Guntasha tacliintiyo
112. Maa tacab ku goohdaan
113. Gudintiyo mandaraqiyo
114. Maad qalabka gurataan
115. Maad madhan gufaysaan
116. Iska gooni socodkaa

117. Muran geeso dheeriyo
118. Guugaa ha xaalayn
119. Ha ka gurin waxaan jirin
120. Misna hadal guracan iyo
121. Yaan la gaysan ceebaal
122. Sidaa wiig ku gowsii
123. U gaalgaal ayaamoo
124. Goco xeel mardaadiya
125. Marka hebel galbado ee(qadka)
126. Gurdan raaco kii kale (sigaarka)
127. Isaguna muxuu guri(kiniin)
128. Laba geed isugu beeg
129. Haddii aad ka giigtona
130. Geela caanihiisiyo
131. Xabadsowda uga gudub
132. Galladi waa laba is jecel
133. Gosha bidix ku wada jira
134. Ninka soon ku giijow
135. Iyana waa go'aan CULUS.
136. Xoogga kugu gadaanmiyo
137. Galka walac indhaa iyo
138. Gurashda midhaa iyo
139. Guruxdaada loo go'ay
140. Ila soo mar guushaa
141. Haddii kale galgaladkaa
142. Gebi dhaca ha lagu jiro
143. Ha gurguuratee daa
144. Cadow hay gudhshee eeg.
145. Gebihaan adduunyada
146. Bal u fiirso goonyaha
147. Gaagaabka yamantiyo
148. Goodlaha ka xabashiga
149. Goodaado kiiniya
150. Somali goosgoos

151.	Afartaa garmooyee
152.	Wax garaabo quutaa
153.	Miyey nolol u guuxaan?
154.	Badda yaanan gudhinine
155.	Ga'da yaan dhammaynine
156.	Giddigeed belaayada
157.	Rabbiyow na gees mari
158.	Abwaankii gardaadshiyo
159.	Gadhwadeen xaggaagii

Gabaygan waxa tiriyey Jaamac Muuse Xaaji (Faro). Jaamac waxa uu ka tirsanaa golihii Hal-Abuur ee Qaasinna xubinta ka ahaa. Gabaygan oo abwaanku u bixiyey *Gacal*, waa gabay kaftan ah oo dadka madasha ku bohoobay la kaftamaya. Abwaanku waxa uu gabayga tiriyey bishii Juun 2011kii.

Gacal

Bulshadaanu garabiyo
Gaashaan wadaagnow
Gacal iyo xigaalow
Guurti iyo wax garadoow
Gidigiin ardaagaw
Marka hore salaan guud.

Marka xiga su'aal gara
Kaftankii garoonada
Hadba ruux godlaaye
Gegidiyo ciyaaraha
Loo gaasa bixin jirey
Xageebuu ku gaw yidhi?

Geeraaradii iyo

Gabeygii la tirin jirey
Isaganu ma soo gudhey?
Nimankii goleyn jirey
Suugaanta guunkiyo
Xageebaa golii marey?

Mise googlekiibaa
Iga go'ay dhankeygoo
Gudcur maagan gooyaan
Gudayaa madawgoo
Gaaroodi iyo hawd
Gawaan laga dareeriyo
Gabaahiira joogaa?

Sanaag goonyaheediyo
Ugaaskii geyiga bari
Gurgurshaagii reeraha
Dhoola yare ma gamashiyey?
Mise hawsha gobolkuu
Goonyaha ka jooga

Rabbi ha u gargaaree
Hormuud garashadeedii
Markuu gaadhey dhaawacu
Gadaalkeeda maan arag
Xagey hawl gundhinaysaa
Gobse weeye taasiye
Inta uunku gaajiyo
Oon ay u go'ayaan
Gamimeyso jiifkee
Gurmadkiyo abaartey
Garabkeeda heysaa.

Abwaankeenii Geydhiyo

Gabyaagii Talaabona
Gurxankooda maan maqal
Xagey gelalafaayaan?
Ma silsilida gudubtee
Gaadhey dunida idilee
Halqiguba ka giigee
Geliwaayey uunkuye
Silaanyaa gabyoo yidhi
Ayey soo gelbinayaan?

Goljano iyo Hargeysiyo
Haddii aan galbeed tago
Garyaqaankii Maayiyo
Siciid ina Gahayriyo
Badeed gaabshe hadalkii
Xageebay u guureen?
Ma siyaasad gelidey
Guntiga u xidheeno
Urur bey gingimayaan?

Gudub oo horuu dhaaf
Ina Cige gadoodkii
Xusni lagu gembiyeyiyo
Ma taxriir geriirkii
Aduunyada gilgilaybay
Laydhkii ka gooyeen?
Mise gaaf ciyaariyo
Gelbis iyo mushxaradiyo
Caruus weeye guri galay?

Garaadkii barbaartiyo
Qaasin geydhankiisii
Maansadii gareysnayd
Godli waa dharaarahan
Murtidii miyuu gabey?

Mise nimankan⁵¹ gubayee⁵²
Soomali gebigeed
Gawraca ku laastee
Gumaadee dhameeye
Ku guraaya iilkuu
Garawshiiyo qaatoo
Gashi bixiya leeyahay?

Bashiir guriga uu dego
Gabey maalintay tahay
Suugaanta gacalow
Gaarka uu u leeyahay
Cidi gaadhimeysee
Xageebuu gondaha dhigey?
Imtixaan nin gelayaa
Ga'mi maayo jiifkee
Gacantiisu qalinkiyo
Ma buugey u gaar tahay?

Fartaag gabey yaqaankii
Jiiftada ku gaadhnaa
Isaguna xagee galey?
Ma galaaska dunidee
Marti gelisay gadarbuu
Garoomada habeyntiyo
Gogol xaadh ku maqan yahay?

Guurtigii ardaagee
Garta niqi yaqaaniyo
Gamaal iima muuqdee
Xageebuu u goodiyey?
Ma maahmaaho guuno

---

⁵¹ Reer Koonfur Afrika
⁵² Dadkii ay laynayeen.

Guyaal iyo guyaal badan
Taariikhdu gureysuu
Dhaxal gaara weeye
Qalinkaan gaboobine
Ku gunaanad leeyahay?

Gudoonshii horeetee
Ridi jirey gantaalaha
Suugaanta gani jirey
Ma gaabsadey warkiisii?

Khadar dhaadashada guud
Waa geesi caanoo
Guubaabin badanoo
Gees marin xaqiiqdee
Ma doorashadii gudahee
Laga galey dalkiisiyo
Ololihii uu galaybaa
Xisbigiisii gaabshoo
Laga qaadey guushoo
Ma cadhuu go, la huwadey?

Siciid geesta finland
Geeraaradii iyo
Ridi waa garneylkii
Gurxankiina laga waa
Barafkii gamuurmiyo
Ma qabawgii gaaxduu
Nafta kala gabadayoo
Aqalkuu gundhada jarey?

Gabyaaye[53] iyo Meygaag
Godlan waaye waayadan
Murtidii gadneydiyo

---

[53] Maxamuud Sh.Cabdilaahi Gabyaaye

Gabeygii muga lahaa
Gegidiina laga waa

Diinta garashadeediyo
Quraankeena gaarkiyo
Guud ahaan axdiistaba
Sheekhii lagu galadayee
Cashuur[54] noo ged bixi waa
Weynay goobta uu jiro
Ma muxaadaruu galey?
Mise wey gun dheertee
Gudbinteeda diintuu
Wakhtigiisa geliyoo
Geyi durugsan ugu baxay?

Garaadkii ardaagiyo
Qolqol garashadiisii
Geli waa habeenadan
Xikmadduu ged bixin jirey
Ma afkeena guunkiyo
Ka gadaalka yimiyee
Dhalinyaradu gadeysaa
Uu kala guraayaa?

Ina Good halyeygii
Soomali gebigii
Kolka uu naxwaha galo
Kala guri yaqaane
Rabbi gaar u siiye
Afka lagu gardaadshiyo
Barihii ma gaagaxay?

---

[54] Saleebaan Sh C/raxmaan Cashuur

Mise guulba weeye
Gidigood dadkeenaa
Goonyaha aduunyada
Midba gobol ka jooguu
Afkoodaa u gaarka ah
Gaadhsiinayaayoo
Aalad ugu gudbinayaa?

Gidigood abwaanada
Geyigeena oo idil
Galbeed iyo ilaa bari
Guban iyo ilaa Hawd
Gudaha iyo debadaba
Guud ahaan dadweynuhu
Ninkii ay u guuuxeen
Cambalaash ma gaabsadey?
Mise ganacsigiibuu
Xaajigu u go'ayoo
Giniga iyo bawnkuu (pound)
Kala guranayaayoo
Xisaabuu gun dhigayaa?

Markey xaajo giigtee
Gartu ay adkaatee
Gebi iyo dhadhaab tahay
Ninkii gebagebayn jirey
Suugaantana gedeediyo
Yaqiin guriga lagu furo
Alfa juuq miyuu gabey

Cabdillaahi[55] gabeygiyo
Suugaanta godoladan
Geesteeda maba dayo

---

[55] Cabdilaahi Cawad Cige

Aqoon yahan gaboobiyo
Qoraa weeye guune
Ma buug uu gengaamuu
Gacantiisa ku hayaa?

Gudoonshaha ardaagiyo
Gadhwadeenka Saadona[56]
Murtidii guule uu barey
Godliweyday waayadan
Weyse garasho dheerto
Xilka guudka loo sudhay
Gudashadiisu culustoo
Gadiidkiyo habeenkii
Geediga hayaankey
Gucle orod wadaayo
Guri reys ku fureysaa.

Geeraaradii Muuna
Gabayadiyo heesii
Hadal loo garaabiyo
Guubaabinteedii
Gidigoodba laga waa.

Gabaygan *Cawaweer* Waxa tiriyey Abwaanad Saado Ciise Cismaan Food oo ka tirsanayd Golihii Hal-Abuur. Gabaygan Saado waxa ay tirisay xilli dad dacaayado ka fidiyeen Golaha Hal-Abuur, oo kuwii dacaayadda sameeyey yidhaahdeen Gole jira maaha. Golahaas oo ay ku kulmeen in ka badan 80 abwaan oo rag iyo dumarba leh iyo dhowr khubaro oo suugaan dhaadhi ah. Sidaas darteed ayey Saado gabaygan xaqiiqda ugu iftiiminaysaa dadweynaha

---

[56] Saado Ciise Cismaan Food

suugaanta xiiseeya; muhiimadda ugu weynina ahayd in aan golaha qiimaha badan dacaayad lagu burburin.

Cawaweer

Nimanbaa ku caan baxay murtidu, caynadey tahaye
Cishadii timaadaba ragbuu, calanku fuulaaye
Cabirkiyo qiyaastey dhigaan, lala cajiibaaye
Sidii sheekh cilmiga daalacdoo, cayn walba u raacey
Cama iyo watiin iyo fasiley, cabasa aayaadka
Caruur iyo ciroolaba qushuuc, lala cajiibaayo
Codadkooda nimankii maqlaa, way calmanayaane
Maantana colbaa soo baxiyo, cududo xoogweyne
Aan cadeeyo caynkey yahiin, waa cashiirada e

Afartaa sidii Caash-luul, maw camiray luuqda
Cartankeeda Foosiya sidii, Deeqa[57] mow curiyey
Cabirkii Farduus[58] iyo Ifraax[59], caynad mow yeelay
Ma cileeyey waad igu taqiin, curin wanaagaase

Sidii roob caarootiya oon carada, cayn u wada gadhin
Oon ceelashii buuxin iyo, qaydar la cabaayo
Oo cuudku wada oomanyey, caynuu leeyahayba
Cadraduna dhalaankii u helin, caano lagu seexsho
Ma calaaliyaan oo murtida, kuma cabeebaane
Cir onkodeysidiisey u curin, caynka maansada e
Cabdi Aadan[60] baan maanso curin, cidi ku gaadheyne
Kamaal baa bartuu kaba cabiro, lala cajiibaaye
Caarif nimada hooy ina xuseen, caalam kuba yaabye
Curadaduu maxamed cali dhalaan, cidi ku hiileyne
Caweys buu ku mariyaa, Rashiid[61] gabay caqiibo lehe

---

[57] Deeqa Xasan Axmed
[58] Farduus Xasan
[59] Ifraax Maxamed Cabdilaahi Ciro
[60] Cabdi Cabdillaahi Aadan

Cawaweer siduu yahay la yaac, kayse[62] curadkiiye,
Suugaan aad caduur moodo buu, Mowliid[63] curiyaaye,
Jaamac Abyan inuu carab camirey , caawa la ii sheegye
Gabyaayaa markii uu cugsado, caajis hadhayaaye
Garyaqaanka muusaa cakuye[64], caadil hees baraye
Tuu curiyyey Cabdi Xiirey baa, muunad caana lehe
Cashuur[65] baa sidii cowl onkodey, ku cokonaysiine
Rag ciidaa ka badan oo in badan, xamar ku caanoobey
Cumaamadana loo saarey oo, caaqil lagu sheegey
Ka cataabe reer koonfurkii, Faysal[66] curintiiye
Calaamado waxuu soo dhigiyo, eel ku celinaaya
Ama qaafi gabey leeyahoo, lagu cadeynaayo,
Cilmigii xidigiskiyo, wixii caadka lagu sheegey
Cilmiguu na baray cabdi good, way cusayb weliye,

Afartaa sidii Caasha-luul[67] , maw camiray luuqda
Cartankeeda Foosiya sidii, Deeqa mow curiyey
Cabirkii Farduus iyo Ifraax, caynad moow yeelay
Ma cileeyey waad igu taqiin, curin wanaagaase

Haduu caashaqa kuu galo murtidaan, caawa ka hadlaayey
Ama aad inuu cabaneysoo, dhaqanku kaa caaryey
Ama aad caruurtaad dhashiyo, curadadaadiiba
Cariyada shisheeyiyo gasheen, caynadii Yurubta
Oo inaad camirataan hidaha, uu cindigu dooney
Adigoon caraabada u bixin, dhowr cishiyo maalmo
Ceerigaabo adigoon u kicin, ceelashii saaxil

---

[61] Cabdirashiid Axmed Maygaag
[62] Khaddar Kayse Maxamuud
[63] Mowliid Aadan Caydiid Qolqol
[64] Cabdikariim Muxumed Xiirey
[65] Saleebaan sh. Cabdiraxmaan Cashuur
[66] Faysal Aw Cabdi Cambalaash
[67] Caasha -luul Yusuf

Caasimada weyn iyo dhex tegin, calanka hoostiisa
Oo qarash ku ciiliyo ka biqin, caalaq tigidh keeno
Ama caa'iladaba dhamaan, aan casuun geeynin
Dayuuraad cirkaa xiima iyo, doonyo ku cabaynin
Koleey dunidu way caam baxdoo, hooy cilmaa yimiye
Cidhiidhi iyo la dhaaf hool yar oo, lagu cayayuubaaye
Technology casiya baa la helay, oo codkaa qora ee
Carigaaga adigoo fadhiya, oon cagaana soo daalin
Ku cawee webside yada cudoon, ee carigu leeyey
Caafimaad ku hano maansadiyo, curinta suugaanta

Afartaa sidii Caasha-luul[68], maw camirey luuqda
Cartankeeda Foosiya sidii, Deeqa mow curiyey
Cabirkii Farduus iyo Ifraax, caynad ma u yeelay
Ma cileeyey wad igu taqiin, curin wanaagaase

Cabir kale abwaanad hadaan cuga ka maansoodo
Cod karada hadeer noo kacee gabay cilaynaaya
Colka Jaamac Muusiyo, Jamaal[69] curadadii guusha[70]
Cirsan ka yeedh ragii soo qorayee, ee curiyey buugaagta
Cabdilaahi iyo Hawd[71] ayaan, cidi illaabaynee
Sayid[72] baan cilmiga uu fasirey, caalamku u bogaye
Cabdirisaaq iyo jamac baa, loo calmaday gabaye
Cudoonaha badeed iyo gahayr, culimadii diinta
Cabdilaahi riyo iyo fartaag, calanka kayd haysto
Xandulahaa cibaarada tirshee luuqda celinaaya
Colkaloo camuuddaa ka badan oon cidiba koobaynin
Ood gabay cudoon iyo ka heli, araar lala cajiibaayo
Oon cishooyinkii tagey ku darey, ciise golaheena
Cadradaa golaa yuururee qurux la ciiraaya

---

[68] Caasha -luul Yusuf
[69] Jamaal Cali Xuseen (jamka)
[70] Siciid iyo Ismaaciil Maxamaed Cali
[71] Ibraahim Yusuf Axmed Hawd
[72] Sayid Maxamed Yusuf

Intaas oo ciidanaan kuu hayaa ,oon cidina koobayne
Hal-abuur ninkii caashaqoow,caawa orod bookho

Afartaa sidii caasha-luul, maw camirey luuqda
Cartankeeda Foosiya sidii, Deeqa mow curiyey
Cabirkii Farduus iyo Ifraax, caynad ma u yeelay
Ma cileeyey wad igu taqiin,curin wanaagaase

Cuqaashaa golaa dhoobane,caadilku na siiyey
Cuqubiyo ilaahoow ka dhowr, cawri lala yaabo
Cudur iyo ilaahoow ka hay, cado waxii gooya
Cadaab iyo ilaahoow ka beri,camalka shaydaanka
Cadho iyo ilaahoow ka magan,cilad is maan dhaaf ba
Caqligana ilaahoow u daa caadil baad tahayee
Waxaba yaanan cayntaarinine,waan cayimayaaye
Sida curasho roob oo wax badan, caadil laga tuugey
Oo caafimaad lagu baryiyo, calal nabaadiino
Oo casuumad rabigeen daruur,cidhif ka soo hoorshey
Waxa ciilka kaa bin murtida culan mareegtaase
Hal-abuur ninkii caashaqoow qoro ciwaankeeda.

Qaasin oo inta badan maanso mug leh tirin jirey waxa uu maanso kooban ugu jawaabayaa Jaamac Muuse gabaygiisii ahaa *"Gacal,"* ee uu su'aasha ka keenay waxa golihii ku dhacay. Qaasin oo maansadan kooban ku tilmaamay "in yar oo Dawoco cuntay," waxa uu tiriyey bishii Juulaay 11keedii, 2011.

Gal Walacley

1. Jaamacow salaan guud
2. Galab iyo habeen wacan
   3Maansadii gal walacley
3. Guubaabo ii timi
   Waa midho ka soo go'ay

4. Maskax aan gulaalmayn
   Waa gudub is haysiga
5. Gacmo wada jirkoodee
   Isu gaar ahaadoo
6. U banbaxay geyiga iyo
   Murti gaasabixinteed
7. Dhalin weeye gudatoo
   Xilka garabka saartee
8. Guulow ha na hallayn
   Gunta naga dhis seeskii.

Qaasin waxa kale oo isaga oo maansadii Jaamac Muuse ee *Gacal* daba socda uu tiriyey Bishii July 31, 2011, isaga oo weli Koonfur Afrika jooga maansada *Foosto Gobolo*. Qaasin waxa u dib u halacsanayey noloshiisa hore-u socod la'aanta iyo xaaladaha kala duwan ee qoomiyadaha Koonfur Afrika ku nool yihiin. Maansada oo uu u bixiyey *Foosto Gobolo*[73], waxa ay ka turjumaysaa xaaladda lugaha dhaabatay!

Foosto Gobolo

Xigmad igu gadhoodhiyo
Wixii aan guyaal qoray
Gooni ugu fadhiistee
Foosto gobolo weynoo
Gunta laga dalooshoo
Gurigeenna taaliyo
God baan buuxinaayaa
Gaas iyo kabriid baan
Gacan ula dul taag nahay
Madowguna garaarkiyo
Ka faruuran geesaha

---

[73] Foosto labada dhinacba ka go'an oo wixii lagu shubaa daadanayaan.

Gaadiid la raro iyo
Iyagu waa gafuur culus
Gadhkay xadhiga haystaan
Gasiinkii la quutiyo
Galaaskooda kama foga
Guutadooda madaxduna
Gibir bay cunaanoo
Goof loo asteeyiyo
Guri baalla weyn iyo
Gabdho aan yarayn iyo
Sacab loo garaaciyo
Bilad lagu gangaamoo
Garbahooda loo Sudho
Adaa geesiyoo jira
Iyo kama geyoodaan
Habeen kaaga guurayn
Nin madow gondaha jari
Dhiiggiisa gobo'oliyo
Gaadadiisa ku cashayn
Subaxaad ka garataa
Geylaamadoodiyo reerka ay gubaayaan
Buuraha gamboolani[74]
Geyi raaxo badan bay
Geenyada la fuuliyo
Ubax wada garaara leh
Hablo guudka loo furay
Hadba gees u didiyaan
Mid mid yara gahaydhoo
Gudintiyo mandaraqiyo
Sita gaadhigiisoo
Dalka gees ilaa gees
Mashiinkaan gariirayn

---

[74] Caddaankii hore ee Koonfur Afrika

Iyo qalabka gaasiran
Go'doon loogu yeedhaa
Kalladh[75] gaaxday baa jira
Gunguraafka hoosiyo
Waa madowga gacalkii
Waa quruun gol madhanoo
Xashiishkay gurtaanoo
Gabdhahoodu iib ma leh
Odaygoodu gocor ma leh
Inankoodu waa guun
Goblan laga istaagoo
Gidaarada ma dhaafaan
Dalku waa giraantaas
Gees buu ka raran yahay
Taarkii guduudnaa
Gumeysigu ku xidhay beri
Weli waa geddiisii
Ninba goob ku qoofalay
Wixii soo galootiya
Iyagana ha kala gurin
Isku wada ged weeyaan
Wixii ay gabraartaan
Hadba gees ka keenaan
Dibbaa looga goostaa
Gini-Gini ma qaayibo
Sharci qodob ma saacido

Hindi goomman baa jira
Waa habar garaysloo
Ganacsiga ku ba'anoo
Gun ahoo dad xaasida

Tuuggii gudaayaa

---

[75] Midab

Hadba gool ka saanyada
Gurmad iyo ilaal ma leh
Gaajadii awowgii
Dishay gumaradiisuu
Weli sii gocanayaa
Iimaan gun dheeriyo
Gacal iyo xigaal ma leh
Waa gaabsi diintood
Majiday gangaantaan
Qoloba gaar u leedahay
In yar oo gabowdaa
Iska guda fadhiistoo
Jimcahay galaanoo
Aad uguma guulaan
Haddana way ka guuxaan
Gooh iyo xisaab bay
Qaarba gees u baydhaan.

Gabayada Jacaylka

Maansada Balaadhan ee Abwaan Qaasin waxa ka mid ah gabayada Jacaylka ah oo uu si weyn oo farshaxan ku jiro u hal-abuuray.

Gabaygan *Hani Togdheer* oo uu abwaan Qaasin golihii Hal-Abuur la wadaagey, waxa uu u sheegay in uu inan inaabtidii ah oo aanu weligiis arkin, uu mar dambe sawiradeedii arkay iyada oo Ingiriiska joogta. Qaasin intaas waxa uu raaciyey, maadaama aan meel cidla ah (Koonfur Afrika) keligay joogo gabayada waan iskaga madadaashaa.

Hani Togdheer

1. Inaan hadhay beryahan haatan tegay hay malanina e.
2. Hanbalyiyo salaan wada socdaan soo hawirayaaye.
3. Horta iga guddoon waa miday hibatey laabtiiye.
4. Waa HANI TOGDHEER qaalidii loo han weyn yahaye.
5. ufnaan bay gabdhaha kaga tagtiyo hoodo gaariduye.
6. Hogashada xishoodkaad iyaga la hal wadaag taaye.
7. Waxaad kaga horraysaana waa hani udgoonkiiye.
8. Halyeygaad ka timi aabahaa haakah buu dhalaye.
9. Hoobaanta guro waa ducadii hooyo gacaleede.
10. Hablihii quraysheed nin ogi waa handanayaaye.
11. Haradii dalkeeniyo dhulkii hibo Ilaah siiyey.
12. Markay bilicdu hoygeena timi horena loo qaybshay.
13. Halkii aad ku dhalatiyo burcaa helay galaaskiiye.
14. Haldhaa lagu misaal timaha aad tii hindida mooddo.
15. Ee haabtey dacalkaaga midig huriye baaruude.
16. Weji haabsan suuniyo hadhsada lagu hareereeyey.
17. Indhaa hogol daruureed sideed wada hilaacaaya.
18. Oo caashaq hudinaaya baa hawsha noo dilaye.
19. Hor Ilaahay bay ugu kaceen heegadaa sare e.
20. Hirka samada jira bay iyagu hoo ka sugayaane.
21. Hubaal bay u jeedaan xubiga haqabtirkiisiiye.
22. Sanqaroor hidihii raacay baan cidina kaa hayne.
23. Bushno hadalka naxariista badan habo ku deeqsiiya.
24. Ood hees macaan mooddo iyo kaban haloosaaya.
25. Oo heelo wacan kuu dhadhama hoobiskiyo jiibka.
26. Oon hiilka ficil kaaga tegin waa midaan hadhine.
27. Oo quruxna haybsaday cid kale looma hadiyeyne.
28. Isma haysan karo wiilka ay hollow yidhaahdaane.
29. Haleelaa mar qudha buu wixii jiray hilmaamaaye.
30. Hanti adiga lagu siiyey iyo hubanti weeyaane.
31. Ilkahaa halkoodii fadhiya ee isku habaysan.
32. Habka midab u gaaraa ka dhigay hiigsi nololeede.

33. Hagar li'ida luqunta u baxdee haybad lagu dheehay.
34. Cabaadhyaha hanaanka u qormay hodon ku faantaaye.
35. Habadhiskiyo garaaraha is wada waa huq nagu reebye.
36. Dhexdaa hal iyo taakada ku timi laysku hadhi waayey.
37. Hamrashada jidhkaagoo dhan baa hidiyey daa'uuse.
38. Halkii aan ka eegoba naftaan kugu haleeyaaye.
39. Intaasoo iswada haysatoo han iyo maamuusle.
40. Heensaha markaad qaadatee hibasho tiicayso.
41. Hubqaadkaaga kuma doorsadeen haynta duniyeede.
42. Halqigii aad waydaarataa haabta oo kaca e.
43. Saxansaxada kaa haadaysey u hanqal taagaane.
44. Hortaaday furmaan ubaxyadii hilow daraadaaye.
45. Xaggaagay u soo wada hogtaan halacsigaagiiye.
46. Wadnayaal is wada heeray baa caafimaad hela e.
47. Qalbi haamadiisii dhacdaa haadiyoo dega e.
48. Halbowlayaashii dhiigay habaan hawlgabka ahaaye.
49. Dhir hortaa qalalay baa unkama hawdka geedaha e.
50. Xubno halista daaqaaya baa hilibku saarmaaye.
51. Heshiis bay noqdaan reerihii kala hagoognaaye.
52. Haqabli'ina roobkaa u da'a hoga kaliileede.
53. Haraadkaa ka taga uumiyaha hadhacna seemaalye.
54. Habeenkii iftiin kaa baxaa haga adduunkiiye.
55. Hoobaaqda wuxu kaga gudbaa ruux horseed tegeye.
56. Haajire la waayaa markale soo hankaabsada e.
57. Hilinkii elisabeth iyo markaad marayso heeraarta
58. Hal mar bay salaan kuu baxshaan geeshka heeganiye
59. Madaafiic hanqaraysaa ka dhaca hoobiyaa qoriye
60. Hablaa lama sinide waadigaa hadhiyey khayrkaaye
61. Halkaad aniga iga dhaaftay baan haybiyaa weliye.
62. Marka aad waqtiga haysatee hoyga guri joogto.
63. Hawada iga salaan waa midaan habar wadaagnaaye.
64. Ninka calafku kula hiishadaa helay nasiibkiiye.
65. Marka aad ku hoogaansatuu huray naftiisiiye.
66. Hamigiisa kama suuliyeen hanashadaadiiye.

67. Hurgumada jacaylkaa ka daran hub iyo maadhiine.
68. Hadna kama dhexeen meesha ay harartu kuu taale.
69. Hurdo kuma ledeen meelo kale wuu hamiyayaaye.
70. Hafrid iyo cayaar laguma dayo hani dirkeediiye.
71. Haasaawe kuma loolantiyo soo horjoogsiga e.
72. Horyaal bay u tahay caalamkii wada hagoognaaye[76].
73. Hooyaale kuma koobi karo heerka maansada e.
74. Ninka dhaqan[77] hilaad ugu kocow hubi maqaamkaaga.

Qaasin waxa kale oo golihii **Hal-Abuur** la wadaagay maansadan jacaylka. Maansadan oo uu tiriyey isaga oo magalada Biritooriya, Koonfur Afrika, waxa uu ku magcaabay *"Talaal."*

Talaal

1. Cishqi igu talaalmaa qalbigu taahaya waliye
2. Xididada tifqaayaa ibaday tamar la'aaneede
3. Waa tima haldhaalay yartaan caawa tebeyaaye
4. Togdheer maan u kaco waa halkay tiilay qaaliduye
5. Hablihii cilmiga taabay ee quruxdu taageertay
6. Tusmo iyo wanaag bay dar kale kaga taraareene
7. Tilmaantii ilkaha saaqday baan tegey illwaanayne
8. Waxa calanku uga taagan yahay waa tixgelinaaye
9. Teelteelay oo xalay hurdada taam umaan bogane
10. Tashi aan dhammaanayn aniga la igu soo tuurye
11. Tartankii ka hadhay maansadii laysku taagsadaye
12. Talo iga cakirantoo go'aan iga tabaalowye
13. Jacayl iima tudhin oo beryahan iima teel dhigane
14. Hiiradow tawaawacay markuu taabtay feedhha e
15. Xadhig dheer intuu ii tidcaday way tigtigayaaye
16. Talantaaliguu ii qabsaday tahan i naafeeye.
17. Itaxaabay goortuu i helay turuqya weynuuye
18. Taanbuug intuu igu xidhxidhay tuurta igu qaadye

---

[76] Haweenka
[77] Guur

19. Tabca iyo wuxuu igala baxay taagga buuraha e
20. Dadka kale ma taabtee anuu toog i weeraraye
21. I takoor markii uu falaadh toogtey halistiiye
22. Toolmooni iga dhaari oo way tumaatiyaye
23. Tagooggaygi weyd buu noqdoo timaha qaar duulye
24. Iga qadi tigaaddii baxdiyo caanihii toga e
25. Todobkii gu'gee da'ay cidlaan toojar ku ahaaye
26. Toomaha barwaaqada dhacdaan taar ku oodnahaye
27. Tulud kama eryado xoolihii tirada weynaaye
28. Tegi waayey reerii dhulkii toosan iyo ceele
29. Tuulooyinkeenii ma lihi tu'an ku gaadhaaye
30. Tubtii iga du' iyo beerihii ubuxu teednaaye
31. Ma talaabsan karo suuqyadiyo toonka laba qaw e
32. Temeshlii ka hadhay iyo xarago taan ahaan jiraye
33. Taxtaxaashin maayoo lugaha taayir bay maqane
34. Taygii aboor baa ku baxay koodhki taagnaaye
35. Nuur yarow ma tiigsado gabdhii tooxyar iyo luule
36. Ma higsado tabaadiga kiciyo tawlka soo baxaye
37. Tiigaal yaraan baa haween igu tuhmaayaane
38. Taqwo li'ida iga gaadhay baan waayey taakulo e
39. taageero lay fidiyo baan weli ku taamaaye
40. Tartarada i dhuubtiyo xubnaha toosi kari waayey
41. Towstiyo xanuunkii i helay waa tukubayaaye
42. Turaabka iyo ciiddaan sidii toomiyaa sebiye
43. Togga ulasan waa laga maqlaa tololo'aygiiye
44. Way tacab qasaar inanta aan aad u taabacaye
45. Waa tahar qadhaadh xaajadaan tuugayaa weliye
46. Kugu tumay xubiga caashaqii kaa tan badiyaaye
47. Muxuu igaga taray nacasku waa taarig xoogsadaye
48. Tabtii uu ku dhigay qays cilmuu tamaniyaayaaye
49. Ma tanaade labadayda qaar taababka i gooye
50. Tabaalaha i haystaa ma yara tacaddigiisiiye
51. Intaanu diinta iga tirin oo toobadda i seejin
52. Ila taliya keli igu tegyoo taag umaan heline.

Waxa maansada *Talaal* Qaasin uga jawaabey Jaamac Axmed Oogle (*Caanoboodhe*) oo ay isagana suugaan wadaag ahaayeen. Maansada Caanoboodhe waxa la yidhaahdaa **Tilmaan**. Caanoboodhe, waxa Qaasin u sii tilmaamayaa sifaha iyo tayada wanaagsan ee uu gobadha hiyi kicisay ku dooran lahaa.

Tilmaan

Ta'da maanso geeraar la taxo murti tanaadeysa
Tusmayn gabay haddii ay jirtoo, cidi ku taamayso
Taashkiisii baad haysataa, taa anaa furaye
TALAAL maansadaadaan arkee maan tiraabeene
Tacadiga cishqigu uu ku baday ama ku taabsiiyey
Waxa uu tahluukiyo xanuun tuurta kuu geliyey
Tuducyada markii aan akhriyey tabaha uu yeelay
Inan taliyo way ii eegtahay tii tolkoo kale e

Sida gaadhi toos laamigii darawal tuuryeeye
Ama geenyo toocsiga dagaal jeedal lagu taabtay
Afartaa ma toostoosiyoo tubo ma qaadsiiyey
Tusaalooyin badan bay hadhee iyana aan tuurto

Toga herer taleex iyo nugaal tukaraq baasheeda
Taaloolayaal iyo galbeed taaga sirowyaale
Tabca ceerigaabiyo wareeg togagii hiilweyne
Toorihiyo raacdada yartaad duniba soo taabtay

Inantaad tabcaankoow ahayd tan iyo waagiiba
Tilmaan quruxsantii aad rabtee aad ku taameysey
Inantaad tawaawac ilmada talalax ooyeysey
Inantaad tigaad uga go'dee oonta tebi weydey

Inantaad tilmaantee dayaxa togobo dhaafsiisey
Tabihii qureesheed yartaad toonka maqashiisay

Inantaad tashiga aawadeed taaha ledi weydey
Inantii tiraab kaa jartee kula tacaaleysey

Haddii uun togdheer laga helay waa tahliil wacane
Waa gobol tolkeen joogo iyo tarantii shiikhiiye
Waa gobol ku taajira hablaha taajka loo xidho e
Tusmo sahanku meel wacan ayuu noogu tiirsadaye

Ana taladii aan doonayaan sooo tebinayaaye
Taagood haweelkaba ilaah taako muu simine
Taan kula rabaan doonayaa inaan tilmaamaaye
Toojar hayga qaadane i maqal waa tusaalayne

Tilmaan inani waa hooyadeed taano labadeede
Gurigaan sodohi tiirinayn kala tag weeyaane
Tartan gaabi inankaan abtiyi garabkii taagnayne
Xidid toosan wiilkii helaa tarandac weeyaane
Mid tafiirtii hore ay wacnayd taa uun ha ahaato
Tartiib quruxda waa lagu xushaa laguna taamaaye
Maariinku waa tawgu wacan uguna toolmoone
Toosnaanta dhererkiyo xubnaha taayirada buuxa
Timaa dhabarka dhaafiyo indhaha tikhilka nuuraaya

Taagnaanta laabtiyo dhexdoo taako qabanayso
Tabtii qaansadii suuniyaha qoorta kor u taagan
Talaabada qiyaasteedu tahay temeshle daa'uusa
Tabihii suleekhiyo maluun taa uun ha ahaato
Tiin ayj hadii aad hesho taajir baad tahaye
Tuwantiga qudhiisuna ma xuma waa tamaam wacane
Tuu fayf haday gaadho waa tiimkii raaxada e
Tijaariga adoon iibsanayn qalabka taywaanka
Tijaabada mid uun aan ku dhicin taa uun ha ahaato

Tacluustiyo jahligu waa xumaan lala tacaalaaye

Mid tacliinta baratoo aqoon lagula taag keenay
Tawxiidka eebbiyo illaah toos u garanaysa
Tawjiidka loo dhigay quraan towba marinaysa
Ubadkeedu taakulo ka helo taa uun ha ahaato

Inay taabto fiisaha midii kuugu timi dhoofka
Tashka Yurub hadduu haysto way tacabiraysaaye
Tahriib baa dadkii lagu saliday tookha dibadeede
Telifoon midaan lagu hagayn faysna laga taaban
Mid tamaam caqliga looga dhigay taa uun ha ahaato

Tacabkiyo duruufaha markay taanadu dhamaato
Ama aad tabcaan noqoto oo tamartu weydoowdo
Tan yaraanta qaarbaa durtaba tuura ubadkiiye
Marwo wacani waa tiirisaa guriga taagteede
Iimaanku miduu taam u yahay taa uun ha ahaato

Nadaafadu ta hore bay ka tahay tiirka nololeede
Tolku waa ka yaacaa guriga toonka soo ura e
Tacabkeed be waa lagu lu go'ay tiica baalida e
Ubadkeeda waa lagu tuntaa tamar la weeyaane
Tayadeedu miday fiican tahaytaa uun ha ahaato
Taraag adiga oo yimi guriga daal la togayoobey
Ama shaqada soo tuurtay oo taakulo u baahan
Tayaaq iyo hadii qaylo badan lagugu tuutuuro
Tashuush baa ku gelayoo naftii waa tawaawiciye
Mid tilmaanta muuminad u eeg, taa uun ha ahaato

Tawxiidka eebiyo sunuhaa lagu tanaadaaye
Tukashadiyo soontaan marnaba laga taraataryne
Taraawiix midaan lagu karayan looma taag helo e
Tahajudkiyo laylkii midii adiga kuu toosin
Taabacad cibaadada taqaan taa uun ha ahaato

Tawaawacaan damayn iyo midii qaylo tebinaysa

Tabihii amxaarada midii deriska tuurtuurta
Qaraabada midii aan u tudhin amase taageerin
Waxba kuuma taraysoo iyana taayirkaa maraye
Tolku miduu ku soo ururi karo taa uun ha ahaat

Tuu alif habeenkii midii muusug tumanaysa
Turkigiyo aflaam miigsikaan kala tabaynaysa
Tilifayshankana yuururtee fayska tebinaysa
Tilifoon midii aan jarayn toban u sheekaysa
Torotoro midii lagu saliday looma taag helo e

Mid tartiib u hadashoo xishood lagu tilmaamaayo
Todobada midii jiifsatee afarta soo toosta
Mid tabaabushaysoo quraac adiga kuu tuurta
Tabantaabo ubadkana iskuul kugula taw siisa
Mid danteeda taabici taqaan, taa uun ha ahaato

Ta anoon ku soo koobi karin badi tilmaantayda
Intii ugu tunroonayd hadaan kaaga tibix siiyey
Taraaraxa wixii aan ka tegey amse aan tuuray
Adaa toosin karyee dhamee waan ka tegayaaye.

Qaasin isaga oo tix raacaaya gabaygii Jaamac Caanaboodhe ayuu sii iftiiminayaa, tayada iyo quruxda gabadha uu rabo iyo Meesha uu ka heli karo.

Taana yey Noqon

Mid turmaagan oo xoogle oo tuurta kuu ridata
Tabco dhexe inay kugu daydona waa tu ay yaqaaniine
Nimay naagi tumaysaana waa taag la'aan ba'ane
Deriskaaba kugu toosi kara taana yey noqon dheh
Casaan dhiigga aan laga tegeyn oo taagga ka hilaacda

Ubadkeeda lama toosin karo ee taana yey noqon dheh
Mid timuhu hayl hayl yihiin oon tidic u feedhaynin
Tartarkeeda lama seexan karo ee taana yey noqon dheh
Mid tirbiico socodkeedu yahay taana yey noqon dheh
Tabta doxore midaan aamusayn oo teneg waraaqeeda
Cadhay kugu talaashaa adiga ee taana yey noqon dheh
Haddaad shaqo u tiigaasho ood subax tamuumayso
Toog noqodka guri naagta aan hawsha kala tuurin
Tukaleeto inad meherisay kugu tagliiftaaye
Waa tarabal ay doonatee taana yey noqon dheh
Teeduun mid raacdoo cid kale tebeynin saygeeda
Oo caruurtu taabicin halkay tuban tahee joogto
Taran xumida adigaa ku dhiman ee taana yey noqon dheh
Baalida toxoobada leh een qaadan taladaada
Niyaddaad ka tuurtaa qalbiga oo waad ka tegaysaa
Taf madowda lama guursadee taana yey noqon dheh
Tolka midaan u shaah karin midaan uba tiraabaynin
Wejigeedu miduu toobin yahay taana yey noqon dheh
Tukashadu miday dhagax ku tahay taana yey noqon dheh
Ta wanaagsan ooglaa arkoo wuu tilmaan bogaye
Toggii maan ka dayo waa maqaam lagu tafiirmaaye.

Maansadan, *Goblan* oo abwaanku u soo diray Golihii *Hal-A buur* bishii Juulay 17keedii, 2011, isaga oo Koonfur Afrika jooga. Waxa uu ku eegayaa wacyiga siyaasadeed ee dhulkiisii hooyo iyo waddamo kale oo badan.

Goblan

1. Qof waliba wixii guba ayuu gama la diidaaye
2. Xalay gololo'aygii hurdada gaar u maa bogane
3. Gataatiga dhankaygii anoo golongolcoo luudsan
4. Gasiinkaan calfaday raashinkii gogol ku ciirkayga
5. Anigoo go'ii uun huwaday oon khuuro weli gaadhin
6. Albaabkaa garaac iiga baxay reero geediyahe

7. Maansadii oo mar wada guuxaysaa iiga soo galaye
8. Gabaygow horreeyoo salaan laacay gacantiiye
9. Markii uu warkaygii go'aan guray midkeediiye
10. Waxay tidhi Gallaydhow naf baan igu galoolayne
11. Goljaniyo dalkii baan ka imi gacamadiisiiye
12. Garowshiinyo waxaan kaa rabaa garabsigaagiiye
13. Garangoori baa nagu baxdiyo shilinta gawriire
14. Gafanaha ku yaal labada qaar gaada bararkayga
15. Dhexda aar micidu gaamurtaa meel xun noo galaye
16. Guurowgii buu nagala hadhay gudin la'aantiiye
17. Galaayuuska qayladii ma helin goor xun socodkiiye
18. Guruubkii[78] u tebi bay i tidhi gawracaan qabo e
19. Xigmad guubsan gaashaan cilmiga madaxa gawdiida
20. Waa deeq Ilaah nagu galladay cidi guboonayne
21. Ha gaasirina goolkii dhashaa waa xaq kuu go'ane
22. Anigoo hashaydii gudhshay oo ibo galoofeeyey
23. Gaaxsade nin kale inan martiyo waa gunimo weyne
24. Maxaa libinta gudaheena taal looga guran waayey
25. Maxaa naga gabbaanaday qalbiga gurada noo jiifa
26. Kurdigii[79] la kala goostey ee gorofba meel yaallo
27. Inta uu xornimo guulle iyo galaxda dhowraayo
28. Googaradday waagaa xidheen guufkii may furine
29. Anna suunku wey giigsan yahay goor iyo ayaane
30. Goleheenna maantaan imee gacalku ii yedhay
31. Anna gudo xilkaagaan lahaa gaajo ku adeege
32. Haddiise aan gedmado waa walaal ila galaalaaye
33. Gocondha ka xaadh baan lahaa gabay mareenkiiye
34. Hayska daba gashlaysaan lahaa goosankii hore
35. Guga nabad ku hoy baan lahaa godan barwaaqaade[80]
36. Abaarta kala galgalo baan lahaa gabaxle dhaafsiiye
37. Gaaroodi iyo hawd halkay gaydho miranaysey

---

[78] Hal-Abuur
[79] Kurdishka 5ta Qaybood loo kala qaybsaday.
[80] Halkan waxa uu kaga hadlayaa Maandeeq.

38. Midhaa hayska gurataan lahaa golosle weeyaane
39. Garbaduub ka jira baan lahaa gaatamaa cadow e
41. Gumaad iyo ka eeg baan lahaa guuraraacyada e
42. Gaade iyo ka dhowr baan lahaa tuug guguurta ahe
43. Dhaxal guuna miid gobo ah iyo malab la soo gooyey
44. Ubadka u gunnee baan lahaa gu' iyo jiilaale
45. Gogga subag u geli baan lahaa gamashigeediiye
46. Haanta u gedaan baan lahaa caanihii goba e
47. Gurada ugu dabool baan lahaa gaaxdi maandeeqe
48. Golis mountain[81] iyo buurihii quruxdu gaashaysey
49. Hargaysa hayska gooshtaan lahaa gaatin temesh laaye
50. Musxaf uga gangaan baan lahaa guri xasuuseede
51. Garoomada Togdheer baan lahaa uga dul geeraare
52. Garyaqaan haddaanu soo af jarin oo fulin go'aankeeda
53. Waa gaban ka xoor xaajadaan rag isku googoyne
54. Guddigii Kamaal[82] baan lahaa geedka haw tago e
55. U.K gargudub baan lahaa gooddiyada dheere
56. Faysal[83] baan gorfayntii lahaa gole ku taageere
57. Cabdulaahi[84] garabkaan lahaa geenyo haw sudho e
58. Golden buug ha qoro baan lahaa geliya taariikhe
59. Soo minguurintiisii naxwaha meel isugu gaynta
60. Good[85] macalinkii baan lahaa xiisad haw galo e
61. Haw gadaamo ubax baan lahaa galawgi Mawliide[86]
62. Guubaabadooday habluu gacanta haadshaane
63. Saado[87] garashadeedaan lahaa goob xun yey mudane
64. Guusha caasha luul baan lahaa hano galaaskiiye
65. Go'a shaal xariir baan lahaa muna garaadkeede
66. Garka canada haw doosho oo gudub dalxiiskeede
67. Gool haw shidheeyaan lahaa geesigii khadare
68. Gundhig haw asteeyaan lahaa aadan goonyaha e

---

[81] Buuraha Golis
[82] Kamaal Cabdillaahi Xuseen
[83] Faysal Aw Cabdi Cambalaash
[84] Cabdillaahi Cali Ibraahim
[85] Cabdi Good Abees
[86] Xubin Golihii Hal-Abuur
[87] Saado Ciise Cismaan

Faarax Maxamuud Maxamed (Sheeko Xariir)

69. Maarey[88] guddoonkiisu waa midan ku guuraaye
70. Gaadhhayeenki Maygaag[89] habeen nagama guurayne
71. Norway gunteedaan lahaa gooni ugu sheege
72. Garmaamada ha daaqdaan lahaa gocoska Finland e
73. Isagaa afkoodi gudbay oon cidi ku gaadhayne
74. Garaad maxamed cali[90] baan lahaa gaalka hays baro e
75. Geddiga Abyan[91] dhinacyada galbeed giije taladiiye
76. Gufaacooyinkiisii Salmaan godol ma seerayne
77. Ha gardaadiyeen baan lahaa geesta reer yurube
78. Shiikheenna gaarkee wacdiga noo gargaar bixiya
79. Cashuur[92] ducada galaan haw daroo haw gunaanado e
80. Guntashada Bashiir[93] baan lahaa gunud abaalkeede
81. Malaysia gal walacdaan lahaa kaynta guda weyne
82. Quruumii galbaday carabtu waa ugu gundheerayde
83. Beershiyey (persia) ganbooshaa murtidu gebi ahaanteede
84. Fartaag[94] baa iskuulka (school) u galayoo goostay midhaheede
85. Xandulaan[95] ka gaabine wuxuu ugu guclaynaayey
86. Ha ka soo gureen baan lahaa goofafakii dumaye
87. Waa yemen halkay gaadadiyo dhigatay gaawaaye
88. Gunta iyo wixii uur ku hadhay ee jiifay guradeeda
89. Giraangirinta Maxamuud Cabddaan[96] uga go'aynaaye
90. Afrikada ha gaangaabisiyo geri ka foofeene
91. Gardarrada ha diidaan lahaa Gorod madoobuuye
92. Gibilkeedu waa suxubbi iyo lama guhaadshaane
93. Gadoodka haka didiyaan lahaa Cige[97] gabraartaaye
94. Hayska gedagedaysaan lahaa gubanka xeebeede

---

[88] Maxamuud Maarey
[89] Cabdirashid Axmed Maygaag
[90] Ismaaciil Maxamed Cali
[91] Jaamac Muuse Abyan (Faro)
[92] **Saleebaan Sh C/raxmaan Cashuur**
[93] Bashiir Xasan Jaamac
[94] Axmed Cabdillaahi Maxamuud (Fartaag)
[95] Mahad Maxamed Xandulle
[96] Maxamuud Gabyaaye
[97] Cabdillaahi Cawad Cige

95. Goobisteeda odaygii waqeed dhaawac ugu gaadhay
96. Gurmadkii Talaabaan[98] lahaa gawlalada jiidhe
97. Gurgushaagi Muusee[99] fadhiyey gobol sanaageedka
98. Gobtii Foosiyaad[100] iyo Ifraax gaari lagu dhaato
99. Faarax guutadiisaan lahaa geesh ku waageere
100. Girligaan ku ood baan lahaa kii Gahayr[101] sidaye
101. Garbo siman u diriraan lahaa goray daraaddeede
102. Gelbiskeed ha joogaan lahaa Maayo[102] gaafkeede
103. Gogol negi ha fidiyaan lahaa yaaney gaagixine
104. Giddigood abwaanada waddani goolka dhalinaaya
105. Garta haw neqeen baan lahaa guurti loo xulaye
106. Maansadu gaddoonkeed waxay hadal ku soo goysey
107. Gadhka hayga duugee ilmada dhiigga gobo layne
108. Godka inan salaan ugu tago oo cabasho gaadhsiiyo
109. Iyo inaad xaqaygii guddaan way gudboon tahaye
110. Goblan hay horseedina cidliyo xero Gabaahiire.

Doorashadii Xisbiyada Somaliland ee sanadkii 2012, Waxa ka qayb galay 14 Xisbi, oo ay ka mid ahaayeen Waddani, Kulmiye, Dalsan, UCID, Umadda, Nasiye, Xaqsoor, Rays, Nuur, Damal, Horyaal, NDP, Badbaado, Gurmad, Udhis, Jamhuuriga, iyo SSCD. Doorashadaas oo ay iskala reebkii ku soo baxeen Waddani, Kulmiye, iyo UCID. Markii natiijadaasi soo baxdayna xibiyada qaarkood kuma qancin, gaar ahaan waxaa arrantaas ka banaan baxay taageerayaasha Xisbig Xaqsoor oo madaxdiisu aaminsanayd in doorashada la is daba mariyey oo xaqoodii la duudsiyey. Banaanbaxaas taageerayaasha Xaqsoor sameeyeen, waxa uu kalifay in ka badan 12 qof oo dhalinyaro u badani awood ciidamadu adeegsadeen ay ku dhinteen. ***Abwaan Faysal Aw Cabdi "Cambalaash,"*** oo shaqsiyan inan agoon ah oo rabshaddaas dhacday ku dhintay yaqaaney ayaa

---

[98] Cabdiraxmaan Xuseen Cumar (Talaabo)
[99] Muuse Maxamuud Jaamac (Dhoolayare)
[100] Foosiya Axmed Maxamed
[101] Siciid Maxamuud Gahayr
[102] Cabdirisaaq Maxamed Maayo

markii geerida inanka loo sheegay dareenkiisa ku cabiraya maansadan waxana uu ku halqabasanayaa rag golihii Hal-Abuur ka tirsanaa oo ay ka mid ahaayeen: Maxamed-Siddiiq Ibraahim Cabaade, Maxammed Xasan Dhaglas iyo Qaasin Guuleed. Maansada Faysal waxa uu ku magcaabay *Yaan laysku Talax tegin.*

Yaan laysku Talax tegin

01. Qaasinoow tiraabtii murtida taabo malahayn e
02. Ka tanaasul baan rabay odhaah kumana taamayn e
03. Kolka aan tixaa joojiyaba tiix kalaa da'a e
04. Toddob soo hillaacaan arkaa Mayay leh taagtiise
05. Haddaan laysu tudhin waa wareer taynu aragnaaye
06. Tollaahan ku dhaartaye anigu maba filayn taas e'
07. Nin qabyaalad tiigaalay iyo talada kii haystay
08. Taano isma dhaamaan hadaan laysu tudhanayne
09. Waar yaan laysku talax tegin wakhtigu wuu is tebayaaye
10. Rabshad tarantay waa sahal hadaan tarabba loo layne
11. Siddiiqoow tusaalaha dalkiyo toomman qarankiiye
12. Tiro murugtay teebkoo qaldamay hadallo taagtaagan
13. Iyo tamani weeyaan warkaa laysu tebiyaaye
14. Ka tagaal wixii lihi marnaba tiigso ma lahayne
15. Dulqaad baa wax lagu toosiyaa Laguna tiirshaaye
16. Yarka dhagaxa tuuriyo askari keebka yara taabtay
17. Dhagartaa halkaa taal nin lihi wa mid uu tebiye
18. Nin qabyaalad tiigaalay iyo talada kii haystay
19. Taano isma dhaamaan haddaan laysu tudhanayne
20. Waaryaan laysku talax tegin wakhtigu wuu is tebayaaye
21. Dhaglasoow talaa lagu daraa tani se waa yaabe
22. Turxaan baa la sheegee haddaan tuhun la saaraynin
23. Halkay qodaxdu taallaba haddaan Salabe loo tiigsan
24. Oon tawxiidka calankeena sudhan tahan la xoogaynin
25. Tacbaan weeye soomaaliland waa tu lahubaaye

26. Haddaydaan abwaanoow u tiring taliyo suugaanta
27. Oo tabaqle yuu dhicin la odhan way tartamayaane
28. Oon digniin la taabsiin shacbigu tiisa wuu gabiye
29. Nin qabyaalad tiigaalay iyo talada kii haystay
30. Taano isma dhaamaan haddaan laysu tudhanayne
31. Waaryaan laysku talax tegin wakhtigu wuu is tebayaaye

Abwaan Qaasin oo u jawaabaya Faysal Aw Cabdi Cambalaash waxa uu tiriyey maansadan *Towfiiq*. Qaasin isaga waxa aad mooddaa in uu dhalinyaradii banaanbaxday eedaynayo, oo uu leeyahay waxaas oo dhan shaqa la'aanta iyo wax taransi la'aanta ayaa keenaysa.

U tayaaq

1. Faysalow tix gabay iyo murtida taysan baad tahaye
2. Tilmaantiyo tusaalaha ninkaan tiigsan wow ceebe
3. Ninka turunturaynaaya ee dhagaxa tuuraaya
4. Wax ma taransadow maad Ilaah tuugtid samirkaaga
5. Dalka timiri uma soo baxdiyo tamarti Baatroole
6. Teelteel yabyabad baynu nahay tooggan la istiilye
7. Haddii aad inaad tarandacdiyo xoolo tuban doonto
8. Maad u toostid shaqadood sidii tiibbi ugu qaadid
9. Nin taftii walaashii faktay ee gacan togaaleeyey
10. Ee caqaar inuu taabo iyo talalka qoondaystay
11. Tab xumada haddii uu kaloho tani ma raacdeene
12. Laysiga tagoodada xun een tiirin gacalkiisa
13. Ee tororogtuun meel fadhiya ubadna taageerin
14. Teneg aan wax nagu biirinayn how tawaabina e
15. Doqon taqadumkeenii haligay koonfur how tago
16. In askari u taliyaan jeclaa tababar siiyaaye
17. Ingineer hadduu beer tabcoo wada tamaandheeyo
18. Haddii uu turxaantiyo baryada geed iskaga taago
19. Xaaraan inaan lagu tuhmayn taa anaa furay e'
20. Nacas tuuganimo sheegtay oo tuurta qarinaaya

21. In agooni taa leedahayna tiro cid weydiinin
22. Iimaanka yow toosiyoo kaa la talinaaya
23. Taariikhda nebigii (scw) asxaab toorihii[103] diinta
24. Dhagxaan baa caloosha u taxnayd taqiyadeeniiye
25. Salman faris taajkiisii buu taarikoo nacaye
26. Addoonnimo kufaartaa sidii tuunno[104] iibsadaye
27. Tabii Cumar Khadaab maad akhridid tiir biraad mudane
28. Waa ammiir maryaa wada toltolan tay[105] ku doorsadaye
29. Shaydaanka waa kii tumee toogasha u qoraye
30. Bal u taga tusmadii ay dhigeen tiger soo weriye
31. Tirtirsiga abwaanow ha deyn taarka diristiisa
32. U tayaaq hurdaayaha maruun weysu tegaysaaye.

Waxa isaguna tixdii *Yaan laysku Talax tegin ee Faysal Aw Cabdi* jawaab ka bixiyey *Maxamed-Siddiiq Ibraahim Cabaade (Siddiiq)*. Maansada oo Sidiiq u bixiyey Tu Alle, waxa doodiisu tahay in dadka loo tudho, lana isu samro; kii dhintayna tiisaa qorayde loo duceeyo.

Tu Alle

Tabaalaha adduun Faysaloow, waa mid aan tagine
Teer iyo kolkii uumiyaha, udubka loo taagey
Tafantoof abaariyo iyo colaad, teedsan baa jiraye
Taariikh hadhaa laga qoraa, tii markaa ugube
Tirsigana waxaa loo guntaa, waa timaaddada e'
Taydana dhiggaasaan murtida, tiir ku hubiyaaye
Tus la sahanshey, rays iyo tigaad, Tuuyo iyo Raydab
Tumbushii Awaariyo Darroor, doogga Tuban buuxa
Tax-taxaashiskii Yicib yabooh, tuurta Ina Muuse

---

[103] Halgankii
[104] Kalluun
[105] Tie

Tusmo iyo ilwaad waxan ka dhicin, gabayga taafoone
Toocadiyo liishaanka sow, teerri lama beegsan
Tarab tarab intaan miyey sidii, geel dar loo tubayo
Tafaraaruq baa kaa badhxee, meel ma wada tuunshey
Tartarrada ka reenkiyo higgada, laysu tegi waayey
Tun ku shaashle Aariyo Libaax, toosey la i moodye
Togag soo faruurmiyo badweyn, tamar miyaan sheegtey
Tembada ma seejee intaan, qaab isugu taadhay
Tunbug iyo miyaan foodhidii, tahan la sii raacay
Tuhun baa rag eel kala dhex dhiga, tudhis la'aaneede
Tu aan la hubsan baa reero negi, lagu tidcaaraaye
Tol hadduu mushaawiro asay, tawsi kala gaadho
Taag laguma beegsado nimaad, tahay walaalkiise
Tollimadu waxay dhaadataa, taam kolkay tahaye
Tiska oodda weeyiyo gidaar, la isku tiirshaaye
Tabantaabo mooyee wax kale, kuma tanaaddeene
Toojada irmaan ee haddana, taabashada diidda
Tudhaa loo lisaa oo rag waa taba tabeeyaaye
Tuludda iyo awrkaba kol baa, laysu tu'iyaaye
Toban gu' iyo dheeraad la jira, tiro kaloo raacda
Tabtaadaa dharaartii khalqigu, Taawo nagu qaatey
Tumaatida cadaawaha kolkii, nalaku tuuraayey
Tuug iyo habeenkey wadaad, nagula tiiceysey
Taahayga niman baa durbaan, tumayey goortiiye
Tallaahaan ogsoonahay rag aan, teello noo dhigane
Tawstiyo dhibkaba waan qabaa, tabashadoodiiye
Tiiyoon abaal cidi i marin, taaj-na la i saarinn
Tannah waxan ku doorsadey sidii, taajirkeen faraye
Taabbaqaadka reer Shiikh Isaxaaq, toosi baan idhiye
Tacabkii la dhawraaba wuu, kuu tammariyaaye
Talo waxa indheer garad ku filan, tan aynu joognaaye
Toolmoone calankaa lushaan, tahan ku seexdaaye
Tiriig baxay la moodyoow darxumo, wawga tudhayaaye
Tammud baa dhankiinnuna ahaa, tan iyo meeshiiye
Tifta dhiigga waataa xornimo, tooy u noqoteene

Teedka aad jirtaan waan hubaa, inaad ku toostaane
Tooxduuse hadalkaad tidhaa, taran ku yeeshaaye
Talawada ninkii kula yaqaan, baysla togataane
Tilmaantayda waxan uga socdaa, waa tixdii shalaye
Tamashlaha adduunyadu hillaac, tegaya weeyaane
Tayga iyo suudh-kaniba waa, tiix ayaamo ahe
Tunkaa layska soo qabanayaa, taag ninkii kora e'
Tubta aakhiraa loo socdaa, taxantaxeediiye
Tunuunuca rasaastiyo kolkii, dhagaxu teeraaray
Tuhun hore, turxaan gaaxatiyo, aano kugu tiilley
Tunbukh aarsi loo ridey ma dilin, toganihiinniiye
Tu Alluun u daa waxa qorreyd, inuu tallaabaaye.

Maansadan *Dardaaran Dhalinyaro* oo abwaanku tiriyey bishii Agoos sanadkii 2012kii, waa maanso wadanimo ah oo kula hadlayo dhalinyarada.

Dardaaran Dhalinyaro

1. Dhalinyaro gacal baynu nahaye
2. Ha goosanin xaajo guurta
3. Gidigeen wada dhalashadeenna
4. Halganku waa inoo go'aane
5. Ha gaaxin waa socdaale
6. Guntiga dhiisha u adkaysta
7. Hadduu gabay kaa fogaado
8. Geeraarku hadduu ku dhaafo
9. Guuroowgu hadduu ku daayo
10. Buraanbur galool ku laalmo
11. Hadday gurrac heestu noqoto
12. Si kale guusha u horseed
13. Dalkana gacan qabasho sii
14. Xilkaaga ku gudo niyada

15. Dadkaaga gabbaad u noqo
16. Garaadka wanaag la doono
17. Halkay guushu ugu taallo
18. Dantaadana gaar ugu shaqayso
19. Middii guudna ha ilaawin
20. Gardarada adi lagugu falay
21. Qofkii gooyee abaal
22. Adoo gurmadkiis u baahan
23. Gacanta kaa laabtay beri
24. Gadaal buu soo noqdaaye
25. Gefkiisana wuu qirtaaye
26. Gantaal ha ku ridin wax goysa
27. Go'aan cafisaa haboon
28. Dayaxaa lagu gaadhey saase
29. Miyeynu ka gaabinaa
30. Gaalone iga daa warkooda
31. Ha eegina waxay galeen (qabteen)
32. Gargaarkay fidinayaan
33. Godbay noo xaadhayaan
34. Gu'iyo boqol sano dambay
35. Saaxiibo u goobayaan
36. Inay ka helaan geyiga
37. Adduun waa gaaban yahay
38. Aakhiraa lagu gaadhayee
39. Qofowna ha guul daraysan
40. Baryada guulaha ha deyn
41. Ogow gooyaa insaan
42. Gaadhiga meel kuma tagee
43. Garoon buu ka qayliyaa
44. Haddaan dhaqan geed ahayn
45. Gar iyo hoggaan kuu ahayn
46. Guntiisa la jaro ogaan
47. Cadceedda xaggaad ka geli
48. Gabaad bahalaha ma heli
49. Diintuu rabbi noo gartiyo

50. Gawsaha dambe noogu xidhan
51. Waxay tidhi garas yuhuud
52. Masaaradu way ku gabi
53. Marnaba kuuma guuxayaan
54. Haddaadan milladooda gelin
55. Hadday gacan kugu dhigaan
56. Addoon lagu guuro iyo
57. Gafuur culus baad u noqon
58. Gooradda Madaamta iyo
59. Gaskii odaygaad u dhiqi
60. Guriga xaadhaad ahaan
61. Guudkaad reeryada ku sidi

Marka la eego maansooyinka Jacaylka ee Qaasin Golihii Hal-Abuur ku soo bandhigay waxa ka mid ah Saado.

Saado

Saadoy sida saarka noo qabatee
Sabaadeey xageebaad ku sugan tahay
Safkii hablaheenna oo siman
Iyagoo sara jooga oo sugan
Hidiyo dhaqankii u sudhan yahay
Adigaa laga soocay keligaa
Timaha saynaxdee sindabka leh
Wejiga saafigee la saanyaday
Sankaaga qarqooran saa'ida
Cabaadhyaha seeran luquntaadiyo
Dibnaha ku siraadan caashaqa
Dhammaan xubnahaaga sahayda ah
Adigaan cidi kula sinaan karin
Saadoy sida saarka noo qabatee
Sabaadeey xaggee baad ku sugan tahay
Markaad socod maagto Saadooy

Markaad sidatee hub qaad tahay
Wixii sunsumaaya suuqyada
Adigaa sarajoog ku dheygaga
Udgoon Sagal baad ku saaqdaa
Midkii salaan aad u fidisaa
Xubigu kama suulo abidkii
Saadooy sida saarka noo qabataye
Sabaadeey xaggee baad ku sugan tahay
Sirtii noloshaa sabaalo leh
Samirkiyo dulqaadkaa sedkaaga ah
Diintiyo salligaa saruuro leh
Caqligaa kula suga mid saaxiya
Sifihii waalid baa ku saacida
Qaraabada talada saafiyiyo
Saaxiib ku tilmaama waa gacal
Sabaankaan ku jiraa sal dhigi waa
Waxbaa isku siya aanan sixi karin
Samaanka ku dooro saamiga
Sareedada raac sabaadiga
Sed iyo calafkaaga suuree
Saadooy sibiq yaanay kaa noqon
Saluug ha u dhaafin khayrkaa
Sallaan ha u fuulin seeto leh
Saadooy sida saarka noo qabatee
Sabaadeey xaggee baad ku sugan tahay
Sidii sagal hooray maasha ah
Xareed sunsumaysa dooggii
Sengaha ku sharaxan xariirtii
Adaan cidi kula sinaan karin.
Saadooy sida saarka noo qabatee
Sabaadeey xaggee baad ku sugan tahay

Maansadan *Dun Jacayl* waxa uu abwaanku tiriyey isaga oo Koonfur Afrika jooga bishii Nofeembar 28keedii, 2010.

Dun Jacayl

Diray waa salaan guud
Waa dood wanaageen
Wayska daabac iyo hees
Dun jacayl aan eegnee
Waa dareen la yaab badan
Dadka wuxu u jecel yahay
Labadii is doortee
Isla daafadeeyee
Isla riixa duuggii
Wuxuu dabin la gaadaa
Qofka aan danaynee
Is diidsiiya weligii
Duleedkiisa kama tago
Kama daayo hadimoo
Duritaan suntiisii
Hadba wuxuu u daadshaa
Xadhko laba diblayntiis
Waxa uu ka duulaa
Dermadiisu taalaa
Qalbigii daloolee
Docda nabarku kaga yaal
Ugu debecsan aadmiga
Habluhuu u daran yahay
U shidaa dab qaadkoo
Hadba gees u didiyaa
Hadba wuxu la doontaa
Halkuu door bidaayee
Webiyadu ka deexdaan.

Maansadan (*Sida*) oo Abwaan Qaasin la wadaagey golihii Hal-Abuur waxa uu ku sheegay in ay tahay kaftan iyo xaraabo iyo madadaalo. Ujeeddo intaas ka fog kuma uusan sheegin.

Sida

Sida awr higoodoo
Hebelow wax noo sheeg
Sida hooyo noo dhowr
Sida ubax hilaacyee
Sida hani udgoonoow
Sida hibo qurxoonoow
Sida ii huf gaarida
Sida hoy dugsoonoow
Sida roobka noo hoor
Sida hogol na maashee
Sida haro biyaha qabo
Sida haashim ii bixi
Sida Haybe kala bado
Sida Huube weynoow
Sida Hanad I taageer
Sida Hiirad ii soco
Sida oday hullaabnow
Sida tuug humbaalee
Sida hawdka jiiqlee
Sida calan hir walaclay
Sida horumar ii bado
Sida haadka gorayee
Sida habaas u taagnow
Sida habar garaysnow
Sida halaq is neefee
Sida hees macaanoow
Sida heed na wada dhaaf
Sida hool balllaadhnow
Sida inan huluuqnow
Sida hilibka noo dubo

Sida dhiil higaagnow
Sida hilay adkaanow
Sida haan daboolnow
Sida hudhe malaasnow
Sida nacable haa lay
Sida timo is hayl hayl
Sida adhiga soo hoyo
Sida hangool u fiiqnow
Sida geedka hawlee
Sida yeesha heensee
Sida dawlad kala hadal
Sida heenka subagee
Sida huguf indhaha jiidh
Sida hoggaan u dheeroow
Sida hoobiyaha qarax
Sida quruumo nala hadal
Sida doqon hannaac lay
Sida hoonka dhiidh lee
Sida Honda nala orod
Sida Webi haraacyee
Sida heeryo duubnow
Sida Huudh wax noo yeel
Sida canug hadaaq baro
Sida haraq na iib gee
Sida guun hablaha cay
Sida higil madooboow
Sida hooto mulacyee
Sida hurud wadaadkiii
Sida hay bakhaylkiii
Sida haajir naga guur
Sida geel harraadnow
Sida magac ha naga hadhin
Sida hororka qaaqlee
Sida qaadle hiinraag

Sida haybta naga bogo
Sida haynta nala farax
Sida halowga noo leef
Sida halaska qiiqaab
Sida huurka kululow
Sida faras hor qabatee
Sida hawsha nala joog
Sida hoobal wada qubo
Sida hinaase naga bood
Sida hurin u duubnow
Sida jaarka noo hiif
Sida hadhac qabooboow
Sida halista naga carar
Sida nayl haraaryood
Sida gaadh u heegnoow
Sida diin higlada miro
Sida wiil u hana qaad
Sida ii hur reer sheekh
Sida hebed is kala bixi.

Maansadan (*Ma Gudboona*) oo Abwaanku tiriyey wakhtigii uu joogay Koonfur Afrika, wax tafaasiil ah iyo sababta ay ku soo baxday kama aanu hadlin.

Ma Gudboona

Ma gudboona gadhkii Alamsayiyo guurti talisaaye
Ma gudboona god halaq buuxiyiyo good ku saamaxaye
Ma gudboona gankaafiyiyo haween midad gujeysaaye
Ma gudboona gabaadkiyo dugsiga gaydha dhaxameede
Ma gudboona go'doon ciidanyiyo kii gurmanayaaye
Ma gudboona qof hebel kuu gartiyo cadow ku gaadaaye
Ma gudboona geyaan kula dhashiyo nacab gafuur weyne
Ma gudboona nin adhiga u guriyo geel nin foofsadaye

Ma gudboona guhaan iyo habaar ducada guulahaye
Ma gudboona hal guuraynaysiyo guban mid joogtaaye
Ma gudboona gafane naaxay iyo gaajo aan hadhine
Ma gudboona galaydh duulayiyo diin gurguurtaaye
Ma gudboona kulayl lagu gubtiyo goob barwaaqo ahe
Ma gudboona wadnaha caashaq galiyo goroyo cawleede
Ma gudboona asgogol lagu ga'miyo qodax ku goysaaye
Ma gudboona janada guudka iyo godan cadaabeede
Ma gudboona garsoor fool xuniyo garasho diineede
Ma gudboona gudgude roob curtiyo gaba kaliileede
Ma gudboona guhaad say xuniyo gacal ku dhowr taaye
Ma gudboona gadiid la hadhsadiyo guluf colaadeede
Ma gudboona gabow 100 jiriyo inan is gaafaaye

Ma gudboona fulaha dib u gurtiyo geesi diriraaye
Ma gudboona Galkii Dogoble iyo laaska gudhayaaye
Ma gudboona gabyaagii horiyo soo gadaal buxuye
Ma gudboona go'aan lagu qanciyo xaajo gaasirane
Ma gudboona guriga uunsan iyo gumar uraysaaye
Ma gudboona garaad laawihiyo gool nin dhaliyaaye
Ma gudboona biyihii Garab cadiyo geli abaareede
Ma gudboona gabnada caano yar iyo madida gooraane
Ma gudboona Garoob haybadliyo gabadh ku diidaaye
Ma gudboona geddii ina Salaan, gaaguf loox yare eh
Ma gudboona raggii gobonimiyo gologol liitaaye
Ma gudboona hablaha guudadliyo gaban ciyaartaaye
Ma gudboona guntii baalidiyo gaari loo bogaye
Ma gudboona waxaan gocanayiyo gaar wax lay qoraye
Ma gudboona garoon xaadhan iyo gocondho jiilaale
Ma gudboona gadhoodhiyo dhitada, galax candhooluuye
Ma gudboona gubnoodkiyo cuntada guursadaa hela e
Ma gudboona Gashaantida kacdiyo guun fadhiid ahiye
Ma gudboona golaha guurtidiyo geed qalacayaaye
Ma gudboona gu'gaad dhalatayiyo galab ku dhaaftaaye

Ma gudboona galaa yuusa iyo gacan macaantiiye
Ma gudboona gurmoodkii dhaliyo gaanihii lumaye
Ma gudboona gumaadkii dhiciyo nabad la goostaaye
Ma gudboona guyaalkii tegiyo guri xasuuseede
Ma gudboona gob lagu soo hirtiyo guun bakhayl ahiye
Ma gudboona hashii gaaweliyo godol ma dhiiqaane
Ma gudboona dad wada guurey iyo gobol negaadaaye
Ma gudboona gundhada aqalka iyo gogol la waayaaye
    Ma gudboona gol madhan quusatiyo geesh mid haysaaye

    Gabaygan abwaanku waxa uu ku cabirayaa aragti fog, oo uu shalinyarada Soomaaliyeed kula hadlayo, oo uu uga digayo hargar daamada shisheeyaha isaga oo ku dhiiri gelinaya in ay ilaashadaan diintooda wanaagsan iyo dhaqankooda suuban. Gabayga waxa uu u bixiyey abwaanku *"Alla Ka Cabsi."*

Alla Ka Cabsi

1. Adduunyada khalqiga daadsan ee daan kastaba jooga
2. Midba dhaqan u duud xaadhan baa laga dirsoocaaye
3. Dabeecadda dhulkaa kala duwan iyo daaqsin xooleede
4. Qolo waliba waxay dooratay qurux ka doonaane
5. Diinteena wacan ee Ilaah tiisa nagu deyrey
6. Iyadaan ka doonaa wanaag labada daaroode
7. Waa deyrka nagu meersan een dumin abiidkeede
8. Rabbi daayinaa nagu galaday daba galkeediiye
9. Nin waliba ku dayey nebigii uu eebbe soo diraye
10. Nimcadii daroortaba mid baa loogu daw galaye
11. Xaasidkaa dareemada ka badan damac dhaqoolaaye
12. Shaydaanku wuxu doonayaa dad uu galaaftaaye
13. Ka digtooni baa waajibtiyo daymo joogto ahe
14. Dhalinyaro dedaal bay rabtaa lagu dabiibaaye
15. Murtiyi waxay dalxiistaa markii loo kitaab dayo eh
16. Waxay aad u darartaa markii daajiyaa helo eh

17. Waxay darib ku naacdaa markii deyrka loo dhigo eh
18. Haddiise dakhar ku dhaco looma helo daawo gooniya eh
19. Raggii hore darmaan buu ka dhigay lagu dekeeyaaye
20. Hadday geel darbane tahay naflaha nabadda loo daastay
21. Dirir lagu qaboojiyo haddii haybad laga doono
22. Qurux laysku daawado haween siiye deeqdoode
23. Dhankii loo dayaba dhaax daayimay noo dayixiyeene
24. Hadraawi deelka wuxuu ugu furfuray derajadeediiye
25. Gaariye dabkuu beleliyaa diirshey beelaha e
26. Dhalinyaro dedaal baa ku filan lagula daalaaye
27. Dhaqankeennu waa door haddaan sugo dhankiisiiye
28. Waa dawlad calan loo aan dhicin abid waqeediiye
29. Aan difaacno yaan reer galbeed doorin weligeede
30. Adigoo dayooboo Berbera baadi daba joogay
31. Dakaniyo adoo gaajo qaba oo daal la socon waayey
32. Reerkaad dushiisa hadhsataa daaqad kuu fura e
33. Iyagoon ku deyin bay wan weyn kala dilaacshaane
34. Dermaday waxay kuu fidshaan meel duleedka ah'e
35. Dalaalimada hadhac waaban bay kugu dabaalaane
36. Cag dalooshantiyo madaxa iyo xagal ku daacaysay
37. Diihaalku waa kaa hadhaa kii ku daashadaye
38. Markaasaa naftii kaa didiyo duubi xoogsadaye
39. Diilalyadu markay kaa hadhaad ducada miistaaye
40. Godonimo u daa waa martidu daw ay leedahay e
41. Dhaqankeenna duuggiisa iyo daryeel wacane
42. Haddii laba degaan weerar iyo doogi kala gaadho
43. Kanay diley kanay doonayiyo qaylo dami weydo
44. Garta oday u doonaystay bay kala dareeraane
45. Waa dhega dalooloon wax maqal dayin weligoode
46. Caasinimo ka dedan khayrka waa laga dardaarmaaye
47. Dirays qaadashadu waa u gaar dahabadeenniiye
48. Saddex qayd darfaha joogta oo qarisa duubkeeda
49. Sindi debecsan dugaagadoo ku ladhan maaska dananaaya
50. Deganida talaabada markay dacal ka laafyooto

51. Eey diib is marisaa nin ragi oday ka doonaaye
52. Degaan dhaqanka iyo hiddaha dabar adaygoode
53. Dibnaa luqadda laga yeedhiyo hadal dubaaqiisa
54. Afafka dunida duliyo hoos haddii laysku wada duubo
55. Keenu waa haldoorkii haddaan aad u deydayeye
56. Waa qani dorraato iyo shalay maanta dabadeede
57. Dabaq iyo waxay saaran tahay daarta ugu dheere
58. Daraasaadkii lagu baadhay baa helay daliilkaase
59. Bal dul joogso carabiga xarfaan daabacaad geline
60. Dha'da aan ku diirsado markuu gabaygu daanshoodo
61. Ee deercad geeliyo hablaha fadal daruureeyey[106]
62. Iyada (carabi) uma dabrana waa tii ay dacar ka leeftaaye
63. Ga'du dalow shishay kaga dhacdiyo ceel daluumaade
64. Ingilish dadkuba wada bartoo dunida maansheeyey
65. Isku wada dar Laatiinigay shani dabayl raacday
66. Qaaf durug ca'dii daalacnayd xa'i ka diimoone
67. Digshineerigoodaan lahayn oo diiday weligiise
68. Ga'da diiran dha'dii deeq badnayd way ka didayaane
69. Afrikaanka dakhal baa la jabay quuse dawliguye
70. Su'aashaad u darandooriday dib ugu ceeqdaane
71. Hadalkooda daa waa daday meeli doog tahaye
72. Luqad durugsan baan leenahay iyo degel ma guuraane
73. Durdur bay inaga noo tihiyo caanihii damale
74. Dooxooyin bay soo rogtaa daad wax kaafiya e
75. Daahiyad waxay noo tihiyo malabka doocaane
76. Cilmi dedan digriga waa ku heli iyo duruustiiye
77. Dugsiyada waxaa lagu dhigaa daayin abid kooye
78. Waa dardaarankii waalidkiyo dawgi qaaliyahe
79. Dulqaadkii ustaadkaa ku ladhan doobi xoor badane
80. Daroor macallin iyo bay qabtaa duudka feedhaha e
81. Ha dayicina daran doorigay wiil ku dihataaye
82. Daahir iyo nadiif weeye aan laysu diidayne
83. Damberkeeda waxa maali kara ruux u daacadahe
84. Doobiga u sida oo ka jira tuug dambiilaha dheh!

---

[106] Abwaan Maxamed Nuur Fadal

Maasadan Sahra, inkasta oo aanu abwaanku sharaxin gabadha uu u tirinaayo, waxa ka muuqata in uu gabadh ehelka ah oo uu xagga guurka kala talinayo u tiriyey.

Sahra

1. Sooyaalka gabay waanigii seexday oo dhigaye
2. Sanadahan ma tirin waan ka hadhay sadaradiisiiye
3. Wax baa igu sandahay oo Sahraay saaqmay keligeye
4. Samadoo ilaahay noo furfuray oo sebin barwaaqeeda
5. Sayrmaweydo curatoo nimcada la iska sooryeeyey
6. xareedaha sunsumay iyo dhulkoo saacu wada gaadhey
7. Oo ubax ku seefaysan yahay sagal ku weegaarmay
8. Oo sabada dooggii ka baxay suulka lagu gooyo
9. Oo sidigta maandeeq dhashoo caano laga saydho
10. Oo soofka xoolaha nin lihi subag ka maalaayo
11. Oo nabada loo sahan tegoo gacanta lays saaray
12. Waa saadadeeniyo hablaha sooca aad tahaye
13. Aan sifeeyo qurux baa naflaha lagu siyaartaaye
14. Ii saamax waxan kaa rabaa inan salaamaaye
15. Subixii aad dhalataa khalqigu weli siyaartaaye
16. Saynax weeye timahaagu aan cidina suurayne
17. Saafiga wejiga, suuniyaha laysku saan gooyey
18. Sanqaroorka kugu yaalla waa saami kuu baxaye
19. Bushnuhu waa sareerada adduun saami qaaliyahe
20. Sirta iyo waxay kaydiyaan hadal sarbeebaade
21. Waa surinka loo maro xubiga caashaq saa'idahe
22. Saanqaadka noloshaa ku xidhan sabo yakleelkiiye
23. Haddii aadan sixin hadalka hore seegtay taladiiye
24. Waa saanad iyo baawar aan sahalka yeelayne
25. Waa soone aan loo fasaxin saan caddalaha e
26. Sebi kuma lugo'o qasnado siibka loo xidhaye

27. Cabaadhyaha is wada saarmay ku selel inan dhowraaye
28. Sinta iyo garaaraha ku ladhan baa sigay naftoodiiye
29. Sidriga iyo laabtuu qalbigu wada siraataaye
30. Ragba sahay ma qaatee wixii sababay weeyaane
31. Waa waxay sursuurta u galeen saymo iyo hawle
32. Dar aan samata bixin baa jiroo soomanaan lumaye
33. Surgyo oodan qaar baa galayoo saanba laga hayne
34. Socod lagama maarmoo xubnuhu laydha saanyade e
35. Saaxiibka daa'uus haldaa saanta kuu qire eh
36. Ku sahwiye naftoodii khalqigu Saafi eegmada eh
37. Sakatiye indhuhu xuural cayn suuban lagu moodye
38. Adigoo sideetana iyo hadaad sare u weynaato
39. Saxansaxada oo qudha ku gama' seyga kula yaalle
40. Sahraay adiga mooyee ma jiro cidan ku siistaaye
41. Sawaab kuma ag maro daalin iyo tuug sikiira lehe
42. Sakalaha ha gelin meel cidla ah seeto waa dabine
43. Samir ila wadaag waa hubkaan laysku saacidine
44. Salaadaha allaylkii ha dayn samadu waa nuure
45. Sacaadiyo ku noolow wanaag farxadi waa saruurado e
46. Aakhirona safkii nabiga noqo iyo saxaabtiisa

Qaasin in kasta oo aanu badanaaba siyaasadda maansadiisa kaga hadli jirin, haddana waxa jirey dhowr maanso oo madax uu saluugsanaa ku taabtay. Maansadan kooban waxa uu ku cabirayey dareenkiisa siyaasadeed ee ku aaddan madaxweynihii hore ee Somaliland *Daahir Riyaale Kaahin*. Maansada Abwaanku waxa uu curiyey bishii koowaad ee sanadkii 2010. Maansada waxa uu ku hal qabsanayaa Yaxye Yeebaash oo ah nin dhalinyaro ah gabyaa ah.

Riyaale

Ruux la nacay yaxyow
Waa og yahay raarta uu gubaye
Wuxuu rabadin lama dega

Ka dhigay waa raqiisnimo eh
Rugtii uu waraabaha ku furay
Raacdo wey heliye
Raynreyn ma ledo laba afkii
Raranka moosaaye
Riyaaloow na dhaaf
Shicibkii wuu kaa ruqaansadaye
Ruux la lumay Yaxyow
Muu ogayn laba rogaalkiiye
Raali geli nin qiil gaaban
Baa rogaya geeraare
Nin qurbaha ku raagaan ahoo
Roob yaraan tebaye
Inaan rabadin kale joojiyey
Talo ku roonayde
In dhexdiina laga raarashaa
Raygal ma ahayne
In Riyaale awrkiina yahay
Raray ma moodayne
Abtiyaal rakaadsada murtida
Reerna muu dhaline

Abwaanku waxa uu sidoo kale maansadan *Garasho* ku hal-qabsanayaa Abwaanka Yaxye Yeebaash. Maansada waxa uu abwaanku curiyey bishii Juun 16 keedii, sanadkii 2010.

Garasho

Yaxyow guga kuu siyaaday
Garaad buu kuu wadaaye
Gacmuu kuu fidinayaaye
Wax buu kula goobayaaye
Khayr baa gondahaaga yaale

Gantaal kugu soo maqnaana
Gees baa Alla kaa marshaaye
Dooxada geyigeen ku taala
Gurmood dhalay baa u daaqa
Habalaha quruxdu isku gaadhey
Adaan gelbis ugu maqnaaye
Ha goosan dayuurad guuxda
Gaadhiga laba jeer ha fuulin
Guhaan iga daa laftiisa
Galaydhka ha toosin jiifa
Yaxyow gelin waxa ku deeqa
Wixii aad garato saacad
Aday noloshaada geliye
Ha quudhsan gedaanka haanta
Cilmiga goornaba ha deynin
Geddaadana hays canaanan
Galaas iyo muuqaal ha doonin
Haddii rabbi kugu galadana
Ha goosanin xidid guntiisa
Goob baa lagu soo hirtaaye
Adaan gadh wadeen ku bidaye
Maxaad geerida ka doontay
Ilaah kuma geliyo taase

 Maansadan kooban oo uu abwaanku ku magcaabay *Qanac Qurbe*, waxa uu curiyey bishii Sebtembar 8eedii, 2012. Waxa uu maansada ku magcaabay:

Qanac Qurbe

1. Taniyo qabtii[107] qurbaan ku jiree
2. Quus iyo qanac baan ka taaganahee
3. Hadmaan qaran maamul helaynaa

---

[107] 1991 Markii Dawladdii Dhexe ee Soomaaliya burburtay

4. Hadmaa qalbi tegay mar soo noqon
5. Hadmaan u qushuuci nabad weyn
6. Madelaba daadi qalabkii
7. Qadhaadhkii ku beegsay qaaliga
8. Ruwaandha qabuurahoodii
9. Qiyaastii ka doorte qaranimo
10. Qiyaas ma leh dalalka qayrkeen
11. Tanaasul ka qaatay laba qaar
12. Toggii qaraweyne waagii iyo
13. Maxaa igu qufulay dhadhaabaha
14. Maxaan u qarsanaa abees
15. Siyaasiga gobolka sida?
16. Qarnigan eedaadka dhacay
17. Intuu qol dugsoon ka seexday
18. Qudhiisuun kala baxsaday
19. Qaylada ka furaystay dhegihii
20. Muxuu noo qabanayaa
21. Miyaan laga ilbixin qiyaaliga

Abwaanku maansadan uu ku magcaabay *"Hal-Madow"* dulucda iyo ujeedada uu u curiyey midna ma faahfaahin. Waxana ay noqonaysaa in qof walbaaba siduu doono u turjunto. Maansada abwaanku waxa uu curiyey 8eedii bishii Jananaweri, 2007.

Hal madow

Hartigaa[108] u dhaansada waxaan hawlba loo geline[109]
Adigoon hir waaberi kicin oo booga ku haraadin
Maalintii haraad iyo dhib iyo huguf ku soo gaadhin
Dhirbaaxada halgaadaad mar kale kala halowdeene
Oo macalin hawshaada gelin oo halac ku leefsiinin

---

[108] "Harti," waxa uu ula jeedaa "nin" waa afka Mayda
[109] Bilaash

Adigoon hammiyin oo qabiyin waa halgaad culuse
Imtixaan ku haaraamin ood haybta garan waayin
Hanti li' adoon suuqa Xamar milic ku haaneedin
Hal madow adoon kicin karayn waa hacoonimo eh
Adigoon halas kulul iyo miriiryo kaa dul heehaabin
Oo aad halkaas seexatiyo hoolkii garan waayin
Ayuun baad haddana waxad rabtaa hoy dugsoon badane
Hankiinaa wuxuu saaran yahay geed hadoodilane
Adigoon waxbaba hanan haddii hanad mar kuu yeedho
Heeryada markii aad dhigtee aqal laguu hooyey
Halkaa laga yimi saacad baad ku hindisotaaye
Iska haysta qaar baa la helay baadiyoo jabane
Waxa ugu horeeyaaba waa hadal xumaankiiye
Habeen iyo dharaartii adigoo guluf u haansaysan
Hubka laysku laynaayey iyo adoon hoobiyaha qaadan
Xeeladaha is gaadhay iyo geesiyadii haadku guranaayey
Geesiyow ma liico leh hadduu orod ku sii gaadho
Guryo noqodka reeryada hadduu gees isaga tuuro
Hadh qabow inaad jiifto baad ku hammiyeysaaye
Hawaadaa dhacaysaa waqtigu kala hagaagaaye
Hadhka labada gelin bay si kale hawshu noqotaaye
Hiyigii waxbaa soo dhex galay hadalku waa gaare
Intaan shilimo haystaan adigu ii hamranaysaaye
Halkaaga iska joog Qaasin hanay hawlihiisiiye
Hambo lagama door bido dhitada hoy la sii dhigaye
Adigaa ka haajirey markuu kuu hayin ahaaye
Adigaa halleeyoo ka tegay hoorigii bariye
Nacaskii higaad baa la baray ha iyo miinkiiye
Haasaawihii lays ku qabay huf iyo beentiiye
Hir baa laxaha lagu sheegayaa heegadaa sare eh
Halka loo maraa baan rabaa inan hilaadshaaye
Awrkaan u heeryeynayaa heeska ii baxaye
Rag hortay ku jabay baan rabaa inay I hooyaane
Hindisaha libaax waa dersaa qaalin howdo ahe
Hedin waa dhurwaaguba arbaha haw ku soo yidhiye

Dawacadu hilaad ay taqaan bay ku hirataaye
Hubkeedaa khiyaano ah naflahay ku handadaysaaye
Hadh bay dhagar la jiiftaa waxay helayso mooyaane
Haad kuma dul dhaco meesha aan hilib ku saaqayne
Gorgor soo hawaarsadey ka carar halaq madoobiye
Hawaadaa dhacaysaa waqtigu kala hagaagaaye
Hadhka labada gelin bay si kale hawshu noqotaaye
Hiyigii waxbaa soo dhex galay hadalku waa gaare
Intaan shilimo haystaan adigu ii hamranaysaaye
Halkaaga iska joog Qaasin hanay hawlihiisiiye
Hambo lagama door bido dhitada hoy la sii dhigaye
Adigaa ka haajirey markuu kuu hayin ahaaye
Adigaa halleeyoo ka tegay hoorigii bariye
Nacaskii higaad baa la baray ha iyo miinkiiye
Haasaawihii lays ku qabay huf iyo beentiiye
Hir baa laxaha lagu sheegayaa heegadaa sare eh
Halka loo maraa baan rabaa inan hilaadshaaye
Awrkaan u heeryeynayaa heeska ii baxaye
Rag hortay ku jabay baan rabaa inay I hooyaane
Hindisaha libaax waa dersaa qaalin howdo ahe
Hedin waa dhurwaaguba arbaha haw ku soo yidhiye
Dawacadu hilaad ay taqaan bay ku hirataaye
Hubkeedaa khiyaano ah naflahay ku handadaysaaye
Hadh bay dhagar la jiiftaa waxay helayso mooyaane
Haad kuma dul dhaco meesha aan hilib ku saaqayne
Gorgor soo hawaarsadey ka carar halaq madoobiye

Qaasin waxa uu ahaa nin aad ugu kaftama suugaanta. Jiiftadan gaaban ee kaftanka ah, aniga (Faarax ahaan) ayuu ii soo tiriyey, isaga oo igala kaftamaya noloshayda iyo in aan weli jacayl hantiyey iyo in kale. Maansada sida laga dhandhansanayo, abwaanku waxa uu markaas isu diyaarinayey safarkii uu dhulkii hooyo ugu soo noqon lahaa.

Warka ii Fududee

Faraxow beryahaa

Faaladaada ma haynoo

Firinbi baa igu yeedhoo

Faraskaan kooraha saaree

Xaalku sow faxal maahoo

Ma fayoobi qabtaa

Fooshii qiiro jacayl

Weli mays fahanteen

Caashaq aan la filaynoo

Figta waaga dilaacay

Miyaanu feedha ku jeexin

Rag waa kii is furdaanshee

Ustarkaagii fara gooyiyo

Miyaanad faaska u qaadan

Mise waa fakaloonoo

Xaalku faylanba maaha

Warka ii fududee

Maansadan Hal-Abuur, abwaanku waxa uu kaga hadlayaa muhiimadda ay leedahay ilaalinta iyo kobcinta *Hal-Abuurka* iyo *Hidaha iyo Dhaqanka Soomaalida*. Maansada waxa uu curiyey bishii May shanteedii, 2010.

Hal-Abuur

Hal abuur ma nabad baa
Ma hadaaq jacayl baa
Mise hadal murqaanimo
Haye weeye googaa
Dalka aan habaynoo
Dadka aan u heesnoo
Suugaan hir gelinoo
Hiddaheenna sheegnoo
Hareeraha ka eegnoo
Hufnaanteenna baadhnoo
Hawraarsan weeyoo
Ma hubaal dhabtiibaa
Miyaan hanan karaynaa
Heelane miyaa jira
Hawshaa ka daacada
Hoos u dhaadhac weeyee
Ha shakiyin haldooroow
Hiddaheenna gaarka ah
Hog shisheeye joogoo
Soo haybshey weeyee
Hal-abuur is keen sii
Danta hawlahaagii hilmaan iyo ilowbaa
Habsaan shaqada orod baa
Hal madow tacliintii qalinkii hilaadshaa

Maansadan *Rag Lama Quudhsado*, abwaanku waxa uu xasuus ku dheegayaa waayihii iyo dagaaladii Soomaalilad soo martay. Waxana uu leeyahay inkasta oo dagaal jeclaa in uu ku samray, wanaaggii iyo nabaddii la qaatay.

Rag lama Quudhsado

Dagaalkii qadhaadhaa markii laysu qori tuurtay
Ee qoloba qolo diiratay ee qiilna bixi waayey
Qoobadaha cidhiidhiga markii la isu qoondeeyey
Ee lays qabsaday ee dhulkii qaylo demi weyday
Qunbuladdii la riday ee hadh galay qaaq wax kaga siisay
Waxaan rabey qisaas inaan dhigoo qool wax geli yaaye
Oon qamar sanaaciga diroo qaw wax kaga saaro
Oon qoorta taaloog u jaro ugana qoor diido
Dharkayn inaan u qooshaan rabiyo dhiro qalaadeede
Marse haddaad wax kala qabatay oo qaadday calan saarka
Oo aad rag lama quudhsadee nabadda qaabaysay
Qoryahayga hoos baan u dhigi qubay hubkaygiiye
Ha qornaado way sharaf hadday qiri lahaydeene
Ha qaxweeyo reerkii miyiyo qudhac garaadkiiye
Ha qubeysto waa tii beryahan gaadhka loo qoraye
Ha qayilin dheh weynaga mamnuuc maal la qubayaaye
Caafimaadku waa qaali aan cidi ku qayb siine
Qurayshtana mashxaradeeda iyo qurux ha loo daayo
Hablahaad qaderisee iyaga qaali iyo Leyla
Qalabkiina waadiga u xidhay ay ka qubayeene.

Maansadan *Daayoo Buufi* abwaanku waxa uu tiriyey bishii Agoos 13keedii, 2010kii. Ujeedada maansada iyo fekerkeeda hal-abuur midna ma aanu faahfaahin.

Daayoo buufi

Daayoo buufi
Ha dabayl raaco
Ha dayeysnaado
Ha daboolaado
Daayoo buufi

Ha digtoonaado
Ha doc weynaado
Ha dul dheeraado
Docmo how jeedo
Daayoo buufi
Ha dab jeexeene
Ha Darooreene
Ha dabaasheene
Ha dilaaceene
Ha ka diideene
Ha durbaansheene
Ha is daasteene
Daayoo buufi
Ha dareereene
Ha dubaaxsheene
Ha dul joogeene
Daaftiyo hoosta
Dusha weegaaran
Dacal iyo geesta
Duqri iyo soo hor
Daayoo buufi
Daayoo buufi
Daayoo buufi
Doonis iyo diidis
Dakhar iyo dhaawac
Dulcad iyo reero
Ha dilaameene
Daymo iyo eegmo
Deris iyo daadin
Dabar iyo geedi
Daadah iyo kaalay
Dumad iyo qaadis
Deggan iyo raaxo
Dookh iyo keenid

Ha damaashaado
Hayska dooleene
Hayska deexdeene
Hana kala daahin
Daayoo buufi
Daayoo buufi

Maansadan *Halyey* Qaasin waxa uu ku xusayaa Abwaankii caanka ahaa ee Maxamed Xaashi Dhamac (Gaariye). Waxa uu si gaar ah ugu tuuntuunsanaya maansooyinkii badnaa ee lidka ku ahaa ee uu Gaariye curiyey.

Halyey

1. Ha noolaato Gaariyaan xiisadeed Hadhin
2. Dhaharkii halgaaduu ku riday haariyoo cararye
3. Hiddo raac wuxuu ugu badshaa waa hal dheerida eh
4. Ruug caddaa murtida hoga dhigtoo hibo ku xeel dheer eh
5. Homade weeye oo waa hurmood culuse
6. Gobonimada halas buu u galay hayjad iyo luuqe
7. Hiddaheenna waa tuu qoray harag shabeelkiiye
8. Waa tuu hagoogta iska rogay tuuray heeryada eh
9. Gumeysigu hunguriguu ku dabay haatan iyo jeere
10. Huleel bay arlada kaga tageen tuu la hiishadaye
11. Huudh buu garbaha kala dhiciyo jeedal haah kulule
12. Haan buu ka dhaansaday murtida kala hufkeediiye
13. Haadaanta dheer buu ku riday halaqii jaahuure
14. Hawl yari ku naaxoow dab baa kuu hadoodilane

In kasta oo aanu abwaanku faahfaahin cidda uu gabay u tiriyey, waxa ka dhex muuqda halgankii Madaxweyne Axmed Maxamed Maxamuud (Siilaanyo) uu u soo galay Somaliland.

Gabayga oo uu Qaasin ku magcaabay *Geesi* Waxa kale iyaduna ka dhex muuqata marwadiisa Aamina Sheekh Maxamed Jirde (Aamina Weris).

Geesi

1. Raggii gacanta ula dhaadhacee hawsha dhab u qaaday
2. Dhamacdiyo kulayluhu wuxuu dhididku qoynaayey
3. Dhafoorada cadceediyo dabkii dheged madoobeeyey
4. Xoolo dhaqasho uma ay geline dhiidhi baa wadaye
5. Dhoobada iyo ciiddii wixii lagu dhardhaaraayey
6. Diiwaanka baal dheemanaan kuugu dhigayaaye
7. Dhiiri gelin marwadu[110] way lahayd dhaawac tiriddiiye
8. Hays dhiganin waatay lahayd dhoolkii waa weliye
9. Iyaduba dhiggeeday Haween baacyo dheertahaye
10. Dhakhtar nagu lammaan bay ahayd dhaayo naxariise
11. Dhaxantii ilaah nooga ray iyo dharkayntiiye
12. Ma dhaafaanka lagu dhaarto iyo waa halyey dhaba eh
13. Dhudhunka iyo xoogoodii bay dhacanta saareene
14. Dhaymahay bogsiinaysay baan cidi dhaliilayne
15. Hurdo dhab uma ledin waayo badan ciir intuu dhamaye
16. Dhalanteed riyaan moodaynaa dhibicda roobaade
17. Booqashadu hadday dhaalan tahay lays dhexgelayaaye
18. Dhaqaalaha horuu maray waa amniga dhalada gaadhaaya
19. Waa dhaxalkii Siilaanyo iyo shacabku dhaadaayey
20. Haddii dhumucda roob soo da'oo dhibicdu soo hoorto
21. Gaadiidku wuxu dhaabmi jirey bil iyo dheeraade
22. Rabbi naguma dhaafine isagaa dhababay boodhkiiye
23. Waxay soo dhuyaashaba haddaa dhiilkii loo culaye
24. Dhaan laga dhursugayayoo you noqdiyo faraxyo dheeraade
25. Dheegga isku qabayoo dalkii dhaxalyey khayraade
26. Waa dhaxalkii Siilaanyo iyo dhabar adaygiiye

---

[110] Aamina Weris Sheekh Maxamed Jirde (Marwada Siilaanyo).

27. Waa dhirbaaxadii cadow ku taal sharab ma quudhaane
28. Dhawaaqaagii gaadh dunida waw dhega nuglaayeene
29. Codka aan is dhalan rogin dhexyoo maqal dadkeenniiye
30. Ka soo dhalaale hawshe oo ku dare weliba dhiidhiiye
31. Dhoomahaad ducada ugu dhurteen dhuray habeenkiiye
32. Hadba waxay dhadhaab kuliyo dhammaska soo jiidhay
33. Dhaayuhu riyey moodayaan waaga dhayda leh
34. Halkii ay ka dhuunteen Axmadow dhalisay goolkiiye
35. Dharaartaas xasuus bay ahayd dhaabad qaaliya eh
36. Waddaniga dhabta ah weeye iyo geesi noo dhalaye
37. Soo dhici dhulkii gobonimada dhoofka laga geeyey.

Maansadan *Maandeeq*, abwaanku waxa uu ku xusayaa muhiimadda Geela iyo dhulkii Sanaag ee quruxda badnaa ee uu ku koray. Waxa kale oo gabayga ka muuqda in Maandeeq sidoo kale ula jeedo *wadanka* iyo sida ay muhiimka u tahay in la ilaaliyo.

Maandeeq

Maandeeq dhashaye yaa xergeyn dhaabantaye maanta
Dheeman yaa u cida waaga uu dhaharto jiilaalku
Dhanka Dogoble yaa soo marsiin Daranta dhaadheer
Dharkaynkii Nirgaha yaa ka didin dharabka yow moosi
Ka dhex baxay Galool-tubanihii dhilay Libaaxiiye
Dhirta laymadh[111] baan raaci jirey dhogorta yarow geele
Dhanaaniyo Xadeed geeyigaas looma soo dhicine
Dhakhtar khaas ah baa joogi jirey qaylo dhaanshaha eh
Dhagaxa uma quudhaan hashii dhiin-caska ahayde
Caris buu ka dhalandhooli jirey wow dhabada ceele
Habeen dhaxa raggii maali jirey dheegga kala raacye
Dhafandhaaf wadaamaha miyaa heesta lagu dhowray
Dheregeeda waa jecel yahee dhimirka ma u beegay

---

[111] Dhulka Abwaanku tirinayaa waa nawaaxiga Ceel-Afweyn.

Cokanaanta wuu dhaadhacaa Dhoobi ledi waaye
Iyagoon dhibtiisaba arkin dhame karuurkiiye
Reer magaal miyuu dhaadayaa uma dheg taagaane
Marka roobku rayska u dhigay Dhebi xasuustaane
Haddii uu dhammaado oo dhulkaba dhaayin laga waayo
Ma dhiq laydin siin xoolahaa lagu dharuurtaaye
Dheel iyo ciyaar laguma helo sidigta dhaameele
Ilaah baa nimcada noo dhambalay dhagaxa guud tiile
Dhugatiyo col eebbow ka hay dheeftu waa geele
Dhabariyo ayaa Soolashii dhaqanow Beerweeso
Dhuuxiina waxa quudiyaa waa dhalootida eh
Imminkayba dhiilo u tosheen Dhuuna raacyadu eh
Dhoorraa ogaadaye ka jira reer dhafoor culus
Anigana waa dhitadii aabahay iyo dhaxalkii Saylaane[112]
Dhaqankii awowyaal tolow dhalankii maan muujo
Dhabanada Kulaal iyo ayaa dhoosha sare geeya
Dhidin yaa ka hoos xulin markii wabax dhaqaaqaayo
Dhadhansiga biyaha Ceel-Afweyn wuu ku dhololaaye
Caanaha haddii laga dhammona waa dhabiyo cawse
Waraabaa dhushleeyee tolow dhacantii yow oodi
Dhufaankeed ninkii raran jiray dhaax ma jiifsado eh

Maansadan *Dalka*, abwaanku waxa uu ku hal qabsanayaa Axmed Cawil Dirir oo uu waalid u yahay. In kasta oo aanu faahfaahin ku darin, waxa ka muuqata in aanu ku qanacsanayn dadkeenna iyo sida dhulka quruxda badan ee qaniga ah ay ugu heshiin la'yihiin. Gabayga waxa abwaanku curiyey bishii Juulaay 9keedii, 2010kii.

---

[112] Qaasin awoowgiisii labaad (Iidle) ayaa anaanaystiisu ahayd "Iidle Saylaan."

Dalka

Diray waa salaan culus
Axmadow dubaaqee
Iga qabo damaashaad
Dalku inuu macaan yahay
Dooxooyinkiisii
Webiyadu durdurayaan
Dixidiyo madheedhkuna
Hadba dadab u liicaan
Daayinkeenu quruxdiyo
Ugu deeqay buuraha
Daalo gacan libaax iyo
Daruuruhu hadhsanayaan
Ubax doogsin cararkii
Dacalada ku baahoo
Daaraha guryaha iyo
Dariiqyada xafiisyada
Debadaha ku badan yahay
Indha doogsi leeyahay
Amba kuguma diidine
Dadka yaa ka rara oo
Qaar kale u soo dira
Ilaa daasan waayoo
Isma daymo buuxshaan
Ninba kii docdiisuu
Sunta laysku dilo iyo
Dacarta u walaaqee

Maansadan *Feys Buug* Abwaanku waxa uu tiriyey bishii Agoos, 21keedii, 2010kii.

Feys Buug

Geeraar laabta ku raagiyo
Geed baan soo ruxayaaye
Guga dhow iyo dayrta
Markaan geela u maalo
Gorfayn aan la sugayno
Qolada fayska[113] ku gaadhan
Ninba waa gambadhkii
Gaar ahaan caqligiisa
Gabaygii dad horeetiyo
Geeraar uun Cilmi maahee
Maskaxdeenna gamboolan
Wax badan baa isku gaadhey
Nin walow ha is gaabine
Garooc baa kugu laaban
Intaan buunku is gaadhin
Dunida gees laga duubin
Gilgiloo maskaxdaada
Dadka aynu u gaarney[114]
Xigmaddii ku gadhoodhiyo
Taariikh uu soo galay waayo
Gedna noo bixi maayo
Waa galool cidla taagan
Gunud oo qof walbowba
Gacmahaaga ku soo qor
Diiwaanka aan gelinee.

Maansadan *Fashilkii Jacaylka*, abwaanku waxa uu kula kaftamayaa will uu adeer u ahaa la yidhaahdo Isaxaaq Cabdi Dheere. Waxana uu curiyey bishii Nofembar 11keedii, 2010kii.

---

[113] Facebook
[114] Tagnay

Fashilkii Jacaylka

Ciid mubaarak adeer
Cabdiyow saw nabad maaha
Weli caashaq fogaadoo
Timuhu coomir yihiin
Cidla mayska hesheen
Cadrad reerka u weyniyo
Casaan dhiig ma jaleecday
Inta ay ku casuuntay
Adoo shiikh camiraayoo
Culimadii lagu moodo
Ciddoodii ma tagtoo
Caamo caan wax ogayniyo
Laba caasi garoobey
Mayska kaa celiyeenoo
Cararkii ma itaashay
Colka ha layga qabtooy
Caalamkii ma dhex qaadday
Canabtii ku sugeysay
Caanihii ma qubteenoo
Dabadeed ma ku cayday
Fulihii caga laabtay
Dib mow soo celin weyday
Cishqigii ma ku dhaafay

Maansadan kooban oo uu abwaanku ku magcaabay *Qaraaxo*, waxa ay u muuqataa in uu kula kaftamayey golihii Hal-Abuur ee uu ka tirsanaa.

Qaraaxo

Sheekadu qayaxanaa
Qoto dheeri weynaa
Qawlkaagu culusaa

Qabar daar la fududaa
Hadalku qaayo badanaa
Qumanaha wax sheegaa
Qalanaa il dheeraa
Qubarada cilmiga sare
Culimada qal weysaad
Qalin kaga saxeexdaa
Qoslayaa ma faraxbaa
Qormadiina waan xidhay
Qaar kale inoo fura
Qaafiyad mid keliyuun
Marba qayb la soo rogo.

Maansadan abwaanku ma uusan faahfaahin. Waxase uu guud ahaan ku eegayaa dhibaatooyinka dagaalka iyo aafada uu adduunka kaga tago.

Qorshe iyo Heshiis

Waataan qamaamaa sidii adhi Qayaadeede
Waataan qalaysmaa sidii beer quraaceede
Waataan u qiiqaa sidii qori colaadeede
Waataan sida qabaalkii jabaa qoladii waagiiye
Ka qudhqudhiya waataad gabdhaha qiimo dhiciseene
Ilaa xaal hablaha loo qaridho qaydna loo jeexo
Ninka geenyadiisii qabtee qoon kale u meershay
Ee weliba qiranaaya ee qolo u baanaaya
Ee qulubna daba taagan yahay qabar la'aantiisa
Qurjuf qaarjuf waataan sidii habar u qaataaye
Waataan quraarado gurtaa yaalla Qoorlugude
Waataan qadhiidhmaa sidii qaraxa jiilaale
Waataan qabtii ina Rakuub qoobka geliyaaye
Waataan wax quutaa sidii Qaasin Guuleede
Waataan sidii qaalin geel qaanka didiyaaye

Waataan qammaaraa sidii Tuug qarshoo helaye
Waataan qushaash iyo noqdaa Xabashi qoor gaabe
waataan qadhaabtaa dhulaan cidi ku qoolayne
Qiyaas baan u xidhay pmkii qoofalaan jiraye
Dagaalkii qadhaadhaa markii laysu qori tuurtay
Ee qoloba qolo diiratay ee qiilla bixi waayey
Qoobadaha cidhiidhiga markii laysu qoondeeyey
Oon Qamar Sanaaciga diroo qawda kaga siiyey
Qumbuladdii la diray ee hadh galay qaaq wax kaga siiyey
Ee lays qabsaday ee dhulkii qaylo demi weyday
Oon qoorta taaloog u jaro uguna qoor-qoordiido
Qasid ma leh Garaadoow murtida qaada dhigideede
Qudhac wuxu baxsaday maalin hore qaydarkuu galaye
Qoor lul baa ka soo hadhay miyiyoo muu qadayn shalaye
Gantaalaha qumaatiga u dhaca ee qaaradaha gooya
Qalabkii Sadaam ina Xuseen[115] qaar sunaan helaye
Qadkii uu Israa'iil u diray ee qubayey dhiiggooda
Xaalkii hadduu qoonmay oo reerka qabanaynin
Qablad weerar lagu gaaciyaa tebiyey qaynuune
Qasnadihii dagaalkaa la furi kaarto qaab adage
Qundul gooyo waxay daaran tahay laysu qarinayne
Qodobka aan ka jaro waa hubkuu qaybshey aadmiguye
Weligayba qola aan eryadey qoob ma dhigayaane
Ma badaydin qaban meel kalaan idinba qaadayne
Is qabooja waataad hablaha qaawiseen duhure
Nabaddii qol buu kaga yimi oo qufulay taase
Aan qotomiyo baaruuddu way qarax fogaataaye.

---

[115] Cabdiraxmaan Xuseen Cumar

Maansadan abwaanku waxa uu kaga hadlayaa dhibaatooyinka uu Qaadku bulshada ku hay.

Qaadka

Inaan horumar gaadhnoo
Dadku wada guddoonsado
Qof walbow is garo oo
Meel kale ha gaadhine
Gacalada naftaadiyo
Gurigaaga ka istaadh
Geedka[116] laysku falay iyo
Bal garaabo sii daa
Gaar ahaan dalkeennaa
Inta guri carrowdee
Galabtii is raacaa
Bal xisaab khasaaraha
Guyaal weeye doolara
Ka baxaaya geesteen
U gelaaya qolo kale
Waa geddoon dhaqaaleed
Waxa taas ka goolmoon
Caafimaadka gaasiran
Midab guurka dhacay iyo
Garaadkiyo naftaa rogan
Gunta kii lahaa dilay
Gasiinkii laguu dhigay
Goorta aad dhammaysee
Gelinkiisu kugu dego
Adigoon ilgalac layn
Kiniin lagu ga'maa jira
Farmasiga ka soo gado
Laba gees isugu tuur

---
[116] Qaadka

Iska quuri goortaas
Subaxii gilgilashada
Geedi reerka ku asqee
Garmaameeya dhowr jeer
Gala shaqada waa sede
Inta aad geddaas tahay
Haddaad caajis garataan
Geedka liin dhanaantaa
Jeex laga gasiintaa
Ama gebi ahaantii
Galaas laga casiisrtaa
Ilmo gabax tidhaahdiyo
Hamhamaasi gooyaa
Haw bixin geddoonkaa
Isgarawsi raganimo
Sheydaanka haw gelin
Galka seefta uga saar
Garashaha watiin iyo
Aayadaha ku geylaan
Ha la galo salaadaha
Wakhti kaama go'ayee
Guntashada tacliintiyo
Maa tacab ku goohdaan
Gudimada mandaraqiyo
Maad qalabka gurataan
Geliddii banaan iyo
maad madhan gufaysaan
gaadhigii mid iyo laba
sidaas wiig ku goysaan
xoog kugu gedaanmiyo
galka walac
indhaha daya
ila soo mar guushaas
quruxdaada loo go'ay
gogoshiyo sariirtana

waaba laysku kala garan

Inkasta oo aanu maansadan faahfaahin, haddana waxa ka muuqata in uu tiriyey wakhti gabdho dhibaato loo geystay, sida kufsi iyo wixii la mida.

Qadaf

Qurux lama qawado reermiyow Qiima gelinteede
Qarni rubuc ayaan jirey naflaha layma quudhsado eh
Qaasimi waxaan ahay nimuu qaafku yuururo eh
Qayliga ma toocsado Rakuub qoobku mood yahaye
Qaadimaayo bayj kaa furoba qalinna weydowye
Qombob qoluf ah adigaa ka dhigay qalanjadeeniiye
Qalabkiina idinkaa furfuray oo qaawanaan dhigaye
Qarnigii Salaan[117] iyo raggii Qaali lagu siiyey
Qaaje iyo Qammaan baa u qirey dabuubtiise
Waa qadaf hablaha lagula kacay cidina qaadeyne
Waa qirasho aan meel cidla ah looga soo qabane
Xaal baa ku qaayibey Garaad Qudhac dhankiiniiye
Qaar iyo budh bay wada sitaan inay wax qoomaane
Tolow yaa ka qaban ruugagay qalow ka siin doonto
Waxba haysku qarin boodhka sare layska soo qabaye
Quman, Hani, Fatxiya, Qamar-yarey qaata fara laabka

Abwaanku waxa uu maansadan *Qalad* kaga hadlayaa dadka dhalinyarada ah ee Qurbaha ku nool, iyo dhaqan gaddoonka lagu maago. Hase, ahaatee abwaanku waxa uu eedda saarayaa raggii dhalay ee qaxootiimada baday markii dambena dayacay.

---

[117] Salaan Carabey

Qalad

Qaraamiga yaa u tumay
Qamriga yey wada cabeen
Ayey la qaxweynayaan
Ayaa qool dheerka sudhay
Ayaa qaxar oo dhan baday
Qulub baa geliyey taas
Ayey Qabta ugu jiraan
Ayey la qadhaabsadaan
Dalkoodii qoomamada
Qaxootiga yaa u raray
Shaydaan how qaadimine
Raggaa qaybtaa ku tegay
Maxaa qaladooy galeen
Qiyaamaha yaa cadiban
Qaboobaha yaa la baxay
Caruur wada qaaqle iyo
Ayaa kaga tegay qurbaha
Ayaa qatimada ku furay
Ayaa qumaddooda gubey
Ayey ciilka u qabaan
Halkee baad qiil ka deyi
Qaloocee baa la sixi.

Maansadan *Burde* abwaanku waxa uu tiriyey bishii May 23keedii, 2010kii. Waxa uu ku hal qabsanayaa nin la yidhaahdo Axmed Khadar.

Burde

Adigoon baroortamin
Axmadow is biimay
Buuraha cagaag samin
Bilaawiyo Amlay tuman

Bal cirkaaga kor u eeg
Shaydaan ha kaa boqo
Ha baroorto dhowr jeer
Baaba'ay ha sii guro
Badhax maaha waa dhaad
Bartaasaan ku xidhayoo
Qudhac baarka sare iyo
Burdahaan ka soo lulay
Buubaal nin dheeroow
Ha banaynin jeexyada

Abwaanku in kasta oo aanu faahfaahin ka bixin tixdan gaaban ee *Jid Janno,* haddana waxa ka muuqata in uu waano iyo duco isugu darayo gabadh ay ehel yihiin.

Jid janno

Jihadii aad qabataba Rabigay-ha kula jiro
Jilbiska iyo qodaxdii ha ku joogsan halistii
Jahanaba iyo naartii rabigay ha kaa jiro
Jaliilkeenna weynuhu janadii ha kugu simo
Dadkaan jaadba noqonee jiriduun cunaayiyo
Ha u joojin doqomada
Ragga jaamiciintiyo la rafiiq jabaabiir
Jamaal qurux wareegiyo jaamactul khayraad
Jaar dhowrsan kugu beeg
Ifka duni jimcoonoo, Jacayl uu ka buuxiyo
Jidka toosan weligaa, Mawluhu ha kuu jaro
Awlaad ku jeceliyo, ubad kuu jajabanoo
Jidka[118] goorta loo baxo jihadii ilaah iyo
Janno helinkeed kuu sahal.

---

[118] Aakhiro

Maansada *Galad*, waa dhiiri gelin ku saabsan xagga guurka.

Galad

Badda yaanan gudhinine
Hal abuur guddoonkaa
Gebigeed belaayada
Rabbiyow na gees mari
Gadhwadeen xagaagii
Abwaankii gardaadshiyo
Haddii aad ka giigtana
Geela caanihiisiyo
Xabad sowda uga gudub
Galadi waa laba isjecel
Gosha bidix ku wada jira
Ninka soon ku giijoow
Iyana waa go'aan culus
Kol tijaabo aan galay
Iga gunud dhab weeyee
Haddii kale gal galadkaa
Gebi dhaca ha lagu jiro
Cadow hay gudhshee daa
Iska gooni socodkaa
Muran geeso dheer iyo
Misna hadal guracan iyo
Yaan la geysan ceebaal

Tixahan kookooban ee Abwaanku tiriyey, ujeedooyinka uu u tiriyey am aahu qorin, hase ahaatee mid waliba macnaheeda gaarka ah ayey muujinaysaa.

Sinaan Gabay

Sinaan gabay iyo tilmaan
Hadduu nin waliba gardaadsho
Hadduu Gole kaa difaaco
Hadduu cadow kaa gamuuno
Hadduu guul kuu horseedo
Hadduu ubax kugu gedaamo
Hadduu duul kaa gujeeyo
Hadduu iska goosho dunida
Hadduu laba geed ka beermo
Hadduu qof waliba godlaayo
Hadduu iska gebi dhacleeyo
Hadduu nin waliba guntaayo
Adiguba garbahaaga taabo
Gef maaha haddaad wax sheegto

Reer miyi

In badan baa xayaatiyo
Xishoodku ku deyran yahay
Xeerkii dhaqankeena iyo
Xubigu ku dahaadhan yahay
Xalaal doonaa jiroo
Kitaab ku xaydaan u yahay
Hadday xarbi kula galeen
Xal kale kaga doon samaan
Xajiinta ka daa gabdhaha.

Waano Suugaan

Rag waa kii wax dhaxal gala
Laga dheefo suugaan
Dhigan oo la muudsado
Dhalintuna u aayaan
Qalbigana dhammaystira
Dhabanadu ku naaxaan
Dhirta xoolo nooliyo
Dhaqaaluu ku dararaa
Dhayal maaha waa sede
Adiguna dhankaagiyo
Dhulka yaanay kaa gelin

Waqooyi iyo Koonfur

Waa dawlad gooniya
Waqooyigu is daawee
Iyagu waa ul iyo diir
Duuban oo walaalo ah
 Allaah derajadiisiyo
Samir bay dugsanayaan
Darka Koonfureed baan
Halqabsigan u dirayaa
Maafiyada duubka leh
Bal inuu mar uun dego.

Xasuus (SNM)

Xasuus baa qaaliyey lama ilaawaane
Arooryada raggii la aqtuliyo inan la qoor gooyey
Oday biri ma geydo ah ma deyn mici abeeskiiye
Agtayday dhigeen Qaasin Qodax subax arooryaade

Uumiyuhu waxay la irkageen uur ku taalada eh.

Qurux

Markuu hebel galbado ee
Gurdan raaco kii kale
Isaguna muxuu guri
Laba geed isugu beeg
Xoogga kugu gadaanmiyo
Galka walac indhaha iyo
Gurashada midhaa iyo
Quruxdaada loo go'ay
Ila soo mar guushaa.

Canbaro Luul

1. Hablahaa camiray ee dunida Cayn walba u jooga
2. Nin waliba middii uu calmaday Wow Canbaro Luule
3. Hadba calafku meeshuu dhiguu Calan ka taagtaataaye
4. Caashaqa dhabta waa hablaha lagu ciseeyaayaaye
5. Iyagaa u caalima inuu caafimaad helo eh
6. Cudurkaa iyaguun bow dhakhtara oo ku caan baxaye
7. Haddaanay kula caweynayn Ayaan caarid baa tahaye
8. Cosob nimaaney hawshiisa gelin oo Canab sabaalaynin
9. Noloshiis carceertay oo qalbigu Caafimaad ma lehe
10. Ka cirraystay Cadar iyo Bushriyo caga wadaadley eh
11. Curubtii quraysheed ka qaday Caawa keligay dheh
12. Curdankii ma soo hoysan weli Caabidka ahaaye
13. Mar uun baan mid iyo laba ka cugan laysma caasiyo eh.

Doqon Abaalkeed

1. Ninkaan shalay dagaalka u galee weerar ugu dooxmay
2. Ee aan dushayda u raree garabku ii daalay
3. Daraaddii ninkay habar dugaag waa' I duban gaadhay
4. Dabka dhamacda halas duugan iyo dabinka ii qoolay
5. Dib inaan u ciidamiyo iyo diiday noloshayda
6. Daluuntaad aniga ii qoddaad hoos u daadegiye
7. Cirku kugu dun danab kugu dhac waa doqon abaalkeede.

Tixdan gaaban abwaanku waxa uu *dhadhaabta* ku sheegayaa **Somaliland**.

Dhadhaab
Waxaan ahay dhadhaabtii
Dhulka lagu cusleeyoo
Dhan u guuri maayee
Dharkaynow ha ii iman.

Dulmi

1. Dareenkii la iibsaday qalbigii daarta lagu laalay
2. Dood lagama soo celin warkii duur xulka ahaaye
3. Laga daal dantaadaan wadaa been la daaboco e
4. Duudsiga agoomaha ka daa daallin la ogaaye
5. Dirxi baa calooshaada geli duul ku raamsada eh.

Sahra

1. Sanaag iyo dalkeenii
2. Ilaa Soolashiyo Caymo
3. Saylac iyo arlada Saaxil iyo

4. Taniyo suudaanta
5. Sucuudiga halkiyo Siiralyoon
6. Siiriyaan maraye
7. So'da Yurubta Siningaali iyo
8. Seerbiyaan tegaye
9. Soofiya ma joogaan
10. Hablaa saado iyo luule
11. Suwaysariya laga dhammaan
12. Sagal dirkeediiye
13. Sankuneeflohoo idil
14. Kuwii calanka loo saaray
15. Sabaalaha haddii ay bartaan
16. Sowjadnimo buuxda
17. Oo suuro-suuriyo mukuri
18. Seedyar laga gooyo
19. Oo salaw colaadeed
20. Raggii soorta cuni waayin
21. Oon guriga laga suulin
22. Loo saldhigi waayin
23. Oo xidhiidh sokeeya
24. Loo furoo caashaq lagu saantay
25. Somaliland waa gabdhaa ugu sarreeyaaye.

Sindi

Hadmaan laba dhudood
Iyo dhaacle iyo khayliga
Saddex qaydda kala dhigan
Sindi midab dhalaaliyo
Dhaqan aan is dhalan rogin
Isku wada dhan kula tegi
Dhulkeenii udgoonaa
Dheel iyo ciyaar tuman

Dhami caano geeliyo
Dhito gaarinimadaa.

Cawil

1. Ciidaha middii barako leh ee lagu caweynaayo
2. Oo curaddo lagu mahadiyiyo caano laga dheefo
3. Ee cuqaashu taladey jaraan cidina dhaafeynin
4. Ee culimo xeerkeed caddaan cayn walba u sheegto
5. Ee dawlad calankii hantiyo ciidanka u taagan
6. Allow noo cawili geestada caadil baad tahaye
7. Imisaa dar caydhnimo ka baxay caafimaad li'iya
8. Imisaa curyaan iyo indhool dhega culaysoobey
9. Casiis mahad intaan lagu cadibin waa cajiib duniye
10. Cirka noo irmaaney rabbow cuud Ayaan tebaye

Gafane

Gurrac iyo ma tuug baa
Gabal daye is laba roga
Ma giraan ordaysaa
Guul darriyo dhibaatada
Ma raadaar u go'an baa
Gal biyo leh nin doonoo
Guunyadu ka dheregtaa
Hasha gabanku malee
Foqorada u gaarka ah
Ma gafane ku yaal baa
Ninka giniga haystiyo
Ma gabraarte jira baa

Garanwaayey aniguye
Goodaado bahal baa
Googaa awoowow[119].

Goonni Daaq

1. Gabbalkii dhacaba waa habeen guuro bahalleyne
2. Gacmo wadajir bay doonayaan lays gardaadsado
3. Gooni daaq wuxuu soo wadaa galawgu yaabaaye
4. Haddaan heesta gabay kaaga dhigo diley giraantiiye
5. Xigmad guurey ooglow[120] markaan reer galbeedsadaye
6. Goob xun joog adeer hay noqdee golaha hay keenin
7. Gabno caano badan haygu noqon xoorey gorofkaaye.

Gawaan Raac

Axmedow ninkii garanayaa goolka kuu dhaline
Gaban yari ma tago meesha uu goodku yuururo e
Goobaale kama maali karo caano gaaxsamaye
Gawaan raaca yaa baray jacayl geenyo quruxdeeda

Gardarada Ma Yeelo.

Gardarada ma yeeliyo xumaan laysu goodiyo
Guunyada ninkii urursadaa dhibi ka gaadhaaye
Golduleelo wow halis iblays goor xun socodkiiye
Hadana laba gardaymoodku waa geesna qaban waaye
Gabay aan ka hadho Nuuryarow[121] goob xun joogsadaye.

---

[119] Axmed Cawil Dirir
[120] Jaamac Axmed Oogle (Caanaboodhe)
[121] Nuur Yare, Qaasin Adeerkii

Madal

Madal iyo raggeedii
Mooshin iyo nin jooggii
Marfish iyo duqaydii.
Markab iyo wax qaadkii
Ubax muuq dhalaalkii
Geed iyo mankiisii
Manfac iyo wax tariddii
Haddaan maanka kaashado
Murti sheego wax u eg
Haddaan meeris soo helo
Meel iyo ujeeddo leh
Ma abwaan mug laan ahay
Dadku mooyi kaga tago!

Adduun

1. Roob da'ay raxmad iyo kulayl rabadintaan joogno
2. Onkod ridan riyada aan qabniyo laba rogaal muuqda
3. Raxan raadka dunidays bedelay oo malaha raandhiise
4. Raafaadka iyo raaxadu gudboon raarna wada yaalle
5. Mar baad ruubataa oo janada raafka gelisaaye
6. Marna raran cadaabaa ku heli ruuxna qabanayne
7. Adduun rogasho badanaa allow noo ratibi xaalka.

Cajaa'ib

Baraf duuban buur aan degayn daadna noqonaynin

Markaan xoolo daaqeenka iyo geela daba joognay

Niman baaba dahab kala baxoo hoos u daadegaye

Daaray ka jeexdeen halkuu aad u daayimaye

Diyaaraday waxa kaga gudbeen duulimaad sare e

Haddaynu daalibaynaa waxay hore u duugteenne

Waa cajaa'ib duniyeed haddii laysku daawado e.

Murti

Murtida iyo maansadu naftow muhata geeraare
Muunadeeda waa inuu tirshaa nimay muquurtaaye
Macno iyo ujeedday rabtaa lala muraadaaye
Maskaxeeya oo bal isku daya malaha maandhaafe.

Duco Somaliland

Calooshii dalooshiyo.
Ishu cawri kaa dedan
Doqon laba afleeyiyo
Xaasid kuma dul joogsado
Daayinow allahayow
Caafimaad la dooniyo
Rabbow noogu deeq nabad
Dusha noo irmaanee.

Qaasin gabayada keliya caan kuma ahayn ee waxa kale oo uu sidoo kale ku xeel dheeraa alifaadda heesaha. Waxa heesihii uu tiriyey markii uu Koonfur Afrika joogay ka mid ahaa Dayax Nuurkii Leeyeey.

Dayax Nuurkii leeyeey

1. Dayax nuurkii leeyeey
2. Dahab lagu masaalyeey
3. Daymadaan ku eegoba
4. Waxbaa igu durkaayee
5. Damac baa i xulayee
6. Markaan damal hadh weyniyo
7. Daris meel qabowliyo
8. Ku dekayno doogee
9. Cishqi kugu darooree
10. Anna igu da'aayee
11. Soo dayso miiddee
12. Naasihii ku darariyo
13. Xubnahaaga debecsani
14. U diyaar yihiin ani
15. Dibnihii Jacaylkiyo
16. Uu ku gaadho dookhii
17. Halka kuugu daranee
18. Dareenkuba ku dhow yahay
19. Aan ku duugo gacantee
20. Dusha kaa salaaxee
21. Adna doonistaadii
22. Duduwayso baashada
23. Isku durug jacayl iyo
24. Isku daadsigeenii
25. Raaxada dul iyo hoos
26. Fuyuusyadu ha daarmeen
27. Shimbiraha dusheenee
28. Ina daawanaayaa
29. Sacabka isku darayaan
30. Ma dunuucdaayoo
31. Durba mays ilowdaa.

Heestan *Damac Caashaq*, abawaanku waxa uu tiriyey bishii Juulaay 6deedii, 2010kii.

Damac Caashaq

Dingaraarad jacaylbaa
Dubnahayga furaayoo
I duraan sadee
Dooxada tabciyo
Ta dugaashataan
Ku dayoobayaa
Laba daran mid daa
Ii daadajee
Damac caashaq baa
Igu soo degee
Aan ku doogsade
Deeqdiisa hoo
Dugsigaan galiyo
Halkii aan dayoba
Mid dakaansan baa
Igu duulayee
Dookh xaasidoo
Dalanbaabiyaa iga daadiyee
Dabkii aan shidoba
Ima diiriyee
Deyrkii kalgacalkaa igu soo dumee
Dakharada cishqiga
Aan ka doogsanee
Qalbi daacadaa ku dal xiisiyoo
Waxaad doorataba
U diyaar noqdee
Webiyada durdura
Aan dabaalanee

Dadka lama sinide
Daadihi wadnaha
Daymada xubigaan ku dawoobayaa
Aan kula durkee nafta ii daryeel

Hagardaamo Jacayl

Dhaaxuu hagardaamadiisa
Jacaylku hoggaan I sudhay
Habeen ila tegay cidlada
Hoos iigu dhigay sheekadii
Haybtiisana qariyey been
Hay sheegina daa i yidhi
Haddaan ku dilaayo keli
Harraadka u dhimo I yidhi
Qofkaad hadal hays ku daashey
Hawada sare geeyey yidhi
Car taa soo helo I yidhi
Hus iyo buus baan ku idhi
Haf iyo balow baan ka idhi

Nafta ii Daryeel

Dugsigaan galiyo Halkii aan degoba
Mid dakaansan baa igu duulayee
Dookh xaasidoo dalanbaabiyaa iga daadiyee
Dabkii aan shidoba ima diiriyee
Deyrkii kal gacalkaa igu soo dumee
Dhakarada cishqiga aan doogsanee
Qalbi daacadaa ku dalxiisiyoo
Waxaad doorataba u diyaar noqdee
Webiyada durdura aan dabaalanee
Dadka lama sinnide daadihi wadnaha
Daymada xubigaan ku dawoobayaa
Aan kula durkee nafta ii daryeel

Halyeygii abtiga ii ahaa
Haakah buu dhalay
Bushmo hadalka naxariista badan
Hadal ku deeqsiiya
Cid kale looma hadiyeyn
Hanti adiga gaara iyo hubanti weeye
Ninka calaf kulee
Hiishadaa iga habeen roone
Ood hees macaan moodid iyo kaban haloosaysan
Oo heelo wacan kuu dhadhama haybad adigaa leh
Oon hiilka ficil kaaga tegin waa midaan hadhine
Ninka ku hagaagsataa huray naftiisiiye
Habeen kama dhexeen meesha ya harartu kuu taale
Isma haysan wiilka ay (lips) ay halow yidhaahdaane
Hammigiisa kama suulayaan hanashadoodiiye
Intaasoo is wada haysatoo hab iyo maamuus leh
Hurdo kuma ledeen meelo kale wuu hammiyayaaye
Huboonta guro waa ducadii hooyo gacaleede
Marka aad waqtiga hayso iyo hoyga gurigaaga
Hawada iga salaan waa midaan habar wadaagnaaye

Milicsiga Dadka Adduunyada Xanuunka HIV/AIDS-ka qaba.

Tira Qiyaaseed la sameeyey sanadkii 2017, dadka xanuunka HIV/AIDS-ka qaba waxa lagu qiyaasay 36.9 Milyan[*], waxana la sheegay in tiradaas 25% aanay war u hayn in ay xanuunkaas qabaan. Marka degaan ahaan loo eego, dadka HIV/AIDS-ka qaba 19.6 Milyan waxa ay ku noolaayeen Bariga iyo Koonfurta Afrika, taas oo qiyaastii u dhiganta 53% dadka adduunyada xanuunkaas la nool. 6.1 Milyan oo qiyaastii ah 16% Waxa ay ku nool yihiin Galbeedka iyo Badhtamaha Afrika. Dadka xanuunkaas u dhintay sanadkii 2017 waxa lagu qiyaasay sagaal boqol iyo Afartan kun (940 000.). Waxa kale oo baadhitaankani ku tusayaa in 69% dadka HIV/AIDS qabaa ay Afrika ku nool yihiin ha ugu badnaadeen Bariga iyo Koonfurtee. Baadhitaankaasina waxa uu muujinayaa in xanuunku Afrika, weliba Africada Bari iyo Koonfur ha u badnaadee. Caruurta cudurka HIV la nool (adduunka) waxa lagu qiyaasay 1.8 Milyan. Caruurtaas badankooduna waxa ay ay ku nool yihiin Afrikada Madow.

Takoorka Dadka Xanuunka HIV/AIDS ka la nool.

Iyada oo sideedaba dadka HIV/AIDS-ka la nool adduunyada badankeeda laga tagooro, haddana kan Soomaalidu aad ayuu uga sii xag jiraa. Taasi oo ay u sabab tahay, aqoonta dadku u leeyihiin xanuunkaas sida loo kala qaado iyo fikir khaldan oo Soomaalidu iska dhaacisay oo ah in qofku Xanuunka galmo keliya ku qaado, taas oo weliba lala xidhiidhinayo galmada macsida ah. Qofka xanuunkaasi ku dhacona waxa loo arkaa mid adduun iyo aakhiroba seegay.

---

[*] https://www.avert.org/global-hiv-and-aids-statistics

Haddaba, aniga oo aan rabin in aan nolosha Qaasin dibadda uga baxo, haddan waxa muhiim ah in aynu wax ka ogaanno, sida Soomaalidu ula dhaqanto dadka xanuunkaas la nool.

Waxa aan su'aalo ka weydiiyey Agaasimaha Fulinta (Guuleed Cismaan Cabdikariin) Hay'adda TALOWADAAG oo caawisa dadka xaaladda xanuunkaas la nool, xaruntiisuna tahay magaalada Hargeysa.

Su'aalihii	Jawaabihii
1) Waxa ay qabato Hay'addu	Dayreelka dadka qaba aydhiska iyo dadka uu saameeyay sida caruurta.
3) Ma jiraan qoraalo (Data) laga sameeyey dadka xanuunkaas la nool?	Stigma (Takoor) Index Study la sameeyay 2017.
2) Goorma ayaa la aasaasay hay'adda Talowadaag?	2006 ayaa la aasaasay TALOWADAG. Sababta loo aasaasay waxay ahayd caawinta gabadh da yar oo HIV qabtay oo la eryay ayay taakulaysay ,hoy ayay u sameeysay, cunto ayay siisay cusbitaalkana way u gudbisay si loo caawiyo.
3) Maxaad ka caawisaan dadka idinku xidhan?	• Maskax dhis, • Cunto siin • Ka caawinta sidii ay daawadda u heli lahaayeen • Dhaqaale abuuris • Isku xidhka dadka qaba aydhiska sidii ay isu caawin lahaayeenu • U gudbinta garyaqaanadda sidii loo caawin lahaa dadka u baahan

	adeeg sharci • Ka bixinta Waxbarashadda caruurta aan awoodin Karin waxbarasho tayo leh • Ka bixinta kirooyinka • U raadinta guryo ama bogcaddo ay degaan
4) Sidee ula Dagaalantaan Takoorka dadkaas lagu hayo?	Waxaanu samaynaa wacyi galin, tabo baro aanu siino culimadda diinta, dadka ka shaqeeya caafimaadka, dadka madax dhaqameedka ah, dhalin yaradda Iyo dadka qaba Fayriska dhaliya Aydhiska (People livin with HIV), Dadka degan barakacayaasha.
5) Maxaa ugu weyn oo dhibanayaasha Xanuunkaas la nool u baahan yihiin?	Takoorka iyo faquuqa ka dhanka ah dadkan iyo caruurtooda; Dhaqaalahooda oo aad u yar, Guryo la'aan, iyo cunto yaraan.
6) Maxaad igula talin lahayd?	Waan kugu dhiiri galinayaa inaad buugaasi qorto, Laakiin, qofka dhintay ee u dhintay Aydhis sideebaa looga heli karaa ogalaanshiiyo, laakiin La tasho Garyaqaan, si aanay dhibi kuu soo gaadhin, ka taxadir inay reerkoodi dhibsaddaan abwaankaasi dhintay ee buuga laga qorayo.
7) Sidaad u aragtaa Dhaqanka Soomaalida iyo siday u arkaan qofka aydhiska qaba?	Dhaqanka Soomaalida waad la yaabaysaa, qofka aydhiska qaba marka uu baahan yahay ma caawiyaan dadkiisu, waana dhib aad u badan, laakiin marka uu dhinto waxa laga yaabaa inay yidhaahdaan wuu wanaagsanaa/wanaagsanayd. Halyay

	ayaa naga dhintay/dhimatay iyo waxyaabo fiican oo kale. Markaa dadkii uu ka dhintay abwaankaasi aad buuga ka qoraysaa, iska jir dadkiisi inay ku yidhaahdaan inankayagii waad ceebeenaysaa oo aydhis muu qabin. (*Inta badan dadku qofka qaba Aydhiska waxay u yaqaanaan inuu ceebeeysan yahay, cudurkana xumaan uu ku qaaday*).
8) Maxaad kula talin lahayd Soomaalida qurbaha ku nool?	Halka aad joogto, fariinta dadka dhibaataysan ee jooga Soomaliland fadlan gaadhsii waxa laga yaabaa inay caawiyaan caruur badan oo dayacan una baahan in la caaawiyo ayaa jirta.

Haddii aad rabtid in aad la xidhiidhid hay'adda **TALOWADAAG**, waxa kala xidhiidhi kartaa:
Guuleed Cismaan Cabdikarim
Tel. +252 63 4211888 iyo
Cali Cabdirahaman Cabdillaahi
+252 63 447 1767.

Waxa kale oo aad la xidhiidhi kartaa Somaliland National AIDS Commission (**SOLNAC**).

Cabdishakuur Ismaaciil Muumin, Agaasimaha Fulinta (Executive Director)

Email: sl_nac@yahoo.com ama info@solnac.org
Tel. +252 2 51859563 ama 252 63 4735595
Website: www.solnac.org

QORAAGA

Faarax Aw Maxamud Maxamed (Sheeko Xariir) waa qoraa deggan waddanka Maraykanka. Waxa uu ku dhashay degmada Ceel- Afweyn ee Gobolka Sanaag. Waxa uu qoraa sheekooyinka caruurta, kuwa gaagaaban (Short Stories), Sheekooyinka la Halabuuray (novels) iyo gabayo. Faarax qoraaladiisu waxa ay ku soo baxaan Afka- Soomaaliga iyo luqadda Ingriisida. Faarax waxa kale oo uu sameeyey Golis Publishing oo dadka ka caawisa kuna dhiiri gelisa sidii ay buug u qori lahaayeen, ka dibna u daabici lahaayen. Waxa aad qoraaga kala xidhiidhi kartaan shebakadda www.farahmohamud.com

Faarax Maxamuud Maxamed (Sheeko Xariir)

www.ingramcontent.com/pod-product-compliance
Lightning Source LLC
Chambersburg PA
CBHW032122090426
42743CB00007B/429